# Søde Fristelser

En Kagekokbog med Magiske Opskrifter

Line Mortensen

# Indhold

frossen frosting ............................................................................... 12

Iskaffe glasur .................................................................................. 12

Frosset citronglasur ....................................................................... 13

orange glasur ................................................................................. 13

Iced rom glasur .............................................................................. 14

Vaniljeis frosting ............................................................................ 14

Kogt chokolade glasur .................................................................... 15

Chokolade og kokos overtræk ........................................................ 15

Fuldende fudgen ............................................................................ 15

Sød flødeostfyld ............................................................................. 15

Amerikansk fløjlslak ....................................................................... 17

Smørcreme frosting ........................................................................ 17

karamel glasur ................................................................................ 18

citron glasur ................................................................................... 18

Kaffe smørcreme frosting ............................................................... 19

Lady Baltimore hopper ................................................................... 20

hvid emalje ..................................................................................... 21

Cremet hvid frosting ...................................................................... 21

luftig hvid frosting .......................................................................... 22

brun farin glasur ............................................................................. 23

vanilje topping ............................................................................... 24

Fløde .............................................................................................. 25

Flødefyld ........................................................................................ 26

Dansk flødefyld .............................................................................. 27

Rigt dansk cremefyld .................... 28

æggecreme .................... 29

Ingefærcremefyld .................... 30

citron pynt .................... 31

chokolade glasur .................... 32

frugtkagefrosting .................... 33

Orange Frugt Kage Frosting .................... 33

Mandelmarengs firkanter .................... 34

engle dråber .................... 35

mandelflager .................... 36

Bakewell Tarteletter .................... 37

Chokolade sommerfugle kager .................... 38

kokos kager .................... 39

søde cupcakes .................... 40

Kaffe Dot kager .................... 41

Eccles kager .................... 42

muffin .................... 43

Feather Frosted Fairy Cakes .................... 44

Genuesiske fantasier .................... 45

makaroni med mandler .................... 46

kokosmakroner .................... 47

lime pasta .................... 48

havregrynspasta .................... 49

Cupcake .................... 50

Marcipan kager .................... 51

muffin .................... 52

Æble muffins .................... 53

Bananmuffins .................................................................... 54

Ribsmuffins ..................................................................... 55

Amerikanske blåbærmuffins ............................................ 56

kirsebærmuffins ............................................................. 57

chokolade muffins .......................................................... 58

chokolade muffins .......................................................... 59

kanel kage ...................................................................... 60

Majsmel muffins ............................................................. 61

Hele figenmuffins ........................................................... 62

Frugt- og klidmuffins ...................................................... 63

Havregryn muffins .......................................................... 64

Havregryn og frugtmuffins ............................................. 65

Orange muffins .............................................................. 66

fersken muffins .............................................................. 67

Jordnøddesmør muffins ................................................. 68

ananas muffins ............................................................... 69

Hindbær muffins ............................................................ 70

Hindbær citronmuffins .................................................. 71

Sultana muffins .............................................................. 72

Muffins i sirup ................................................................ 73

Havregryn sirup muffins ................................................. 74

havregryn toast .............................................................. 75

jordbæromelet ............................................................... 76

Myntekager .................................................................... 76

rosinkager ...................................................................... 78

Rosin krøller ................................................................... 79

hindbærboller ................................................................ 80

Brune ris og solsikkepandekager ............ 81

kage med tørret frugt ............ 82

Sukkerfri stenpandekager ............ 83

Safran pandekager ............ 84

Boghvede med rom ............ 85

Kagekugle pandekager ............ 87

Chokolade cookies ............ 88

sommer snebolde ............ 89

svampedråber ............ 90

basis marengs ............ 91

mandel marengs ............ 92

Spanske mandelmarengs cookies ............ 93

Bagte Marengskurve ............ 94

mandelflager ............ 95

Spansk mandel- og citronmarengs ............ 96

Chokoladedækkede marengs ............ 97

Chokolade og mynte marengs ............ 98

Chokoladechips og valnøddemarengs ............ 98

hasselnøddemarengs ............ 99

Pecan Marengs Lagkage ............ 100

Skiver af makaroni med hasselnødder ............ 102

Marengs og valnøddelag ............ 103

marengsbjerge ............ 104

Hindbærmarengscreme ............ 105

Ratafia pandekager ............ 106

vacherin slik ............ 107

Bare boller ............ 108

Lækre æggescones .................................................................................. 109

æbleboller.............................................................................................. 110

Æble- og kokosbrød ............................................................................... 111

Æble- og dadelbrød ................................................................................ 112

stykker byg ............................................................................................. 113

Daddelboller .......................................................................................... 114

Urteboller .............................................................................................. 115

müslibrød .............................................................................................. 116

Appelsinstykker og rosiner ..................................................................... 117

pæreboller ............................................................................................. 118

kartoffelboller ........................................................................................ 119

rosinboller ............................................................................................. 120

Melasseboller ........................................................................................ 121

Melasse og ingefærboller ....................................................................... 122

Sultana boller ........................................................................................ 123

Fuldkornsbrød i sirup ............................................................................. 124

Yoghurt stykker ...................................................................................... 125

Stykker af ost ......................................................................................... 126

Fuldkorns urteboller ............................................................................... 127

Salami og ostepiber ............................................................................... 128

fuldkornsboller ...................................................................................... 129

Conky fra Barbados ................................................................................ 130

Bagte julesmåkager ............................................................................... 131

Majsmelskager ...................................................................................... 132

boller ..................................................................................................... 133

donuts ................................................................................................... 134

kartoffelpander ..................................................................................... 135

Naan brød ............................................................................................... 135

Havre Bannocks .................................................................................. 137

gedde ................................................................................................... 138

Drop bollerne lidt ................................................................................ 139

ahornboller ......................................................................................... 140

grillede boller ..................................................................................... 141

Grillede stykker med ost .................................................................. 142

Særlige skotske pandekager ............................................................ 143

Skotske frugtpandekager ................................................................. 144

Skotske appelsinpandekager ........................................................... 145

bard synger ........................................................................................ 146

walisiske kager .................................................................................. 147

walisiske pandekager ....................................................................... 148

Mexicansk krydret majsbrød ............................................................ 149

svensk fladbrød ................................................................................. 150

Dampet majs og rugbrød .................................................................. 151

Sødt dampet majsbrød ..................................................................... 152

Chapatis af fuld hvede ...................................................................... 153

fuldkornspresse ................................................................................. 154

Mandelkager ...................................................................................... 155

Mandelkrøller .................................................................................... 156

tonsil ringe ......................................................................................... 157

Middelhavsmandelkager .................................................................. 158

Mandel- og chokoladekager ............................................................ 159

Amish frugt- og nøddekager ............................................................ 160

anis cookies ....................................................................................... 161

Banankager, havregryn, appelsinjuice ........................................... 162

Grundlæggende cookies ........................................................................ 163

Sprøde klid cookies ............................................................................. 164

sesam cookies ..................................................................................... 165

Brandy og spidskommen Cookies ...................................................... 166

Brandy Snapp ...................................................................................... 167

Smørkager ........................................................................................... 168

Karamel cookies .................................................................................. 169

Karamel cookies .................................................................................. 170

Gulerods- og valrøddekager ............................................................... 171

Orange glaserede gulerods- og valnøddekager ................................. 172

kirsebær cookies ................................................................................. 174

Kirsebær- og mandelringe .................................................................. 175

Chokolade smør cookies .................................................................... 176

Chokolade og kirsebærruller .............................................................. 177

Chokoladechip kager .......................................................................... 178

Chokolade og banan cookies ............................................................. 179

Chokolade og nøddebid ..................................................................... 180

Amerikanske chokoladebarer ............................................................ 181

chokoladecremer ................................................................................ 182

Chokolade- og hasselnøddekager ..................................................... 183

Chokolade og muskatnød cookies .................................................... 184

Småkager overtrukket med chokolade ............................................. 185

Kaffe og chokolade sandwich cookies .............................................. 186

julesmåkager ...................................................................................... 188

kokos cookies ..................................................................................... 189

Majs cookies med frugtcreme ........................................................... 190

Cornish kiks ........................................................................................ 191

Fuldkornskiks med rosiner ..................................................... 192

Daddelsandwich cookies ....................................................... 193

Fordøjelseskiks (Graham-kiks) ............................................... 194

påske cookies ....................................................................... 195

florentinere .......................................................................... 196

florentinsk chokolade ........................................................... 197

Luksus florentinsk chokolade ................................................ 198

Fudge og nøddekager .......................................................... 199

tyske paller .......................................................................... 200

Ingefær kage ........................................................................ 201

ingefær cookies .................................................................... 202

kagemand ............................................................................ 203

Fuldkorns ingefær cookies .................................................... 204

Honningkager og rissmåkager ............................................... 205

gyldne småkager .................................................................. 206

hasselnødde cookies ............................................................. 207

Sprøde hasselnøddekager ..................................................... 208

Hasselnødde- og mandelkager .............................................. 209

Honningkager ....................................................................... 210

ratafia honning .................................................................... 211

Kærnemælk og honningkager ............................................... 212

Lemon Butter Cookies .......................................................... 213

Citronkager .......................................................................... 214

gode tider ............................................................................ 215

müsli cookies ....................................................................... 216

## *frossen frosting*

Nok til at dække en 20 cm/8 tommer kage

2/3 kop/100 g (konditorer) pulveriseret sukker, sigtet

25-30ml/1½-2 spsk vand

Et par dråber madfarve (valgfrit)

Kom sukkeret i en skål og bland lidt efter lidt med vand, indtil glasuren er homogen. Farv eventuelt med et par dråber madfarve. Glasuren vil være uigennemsigtig, når den påføres kolde kager eller klar, når den påføres varme kager.

## *Iskaffe glasur*

Nok til at dække en 20 cm/8 tommer kage

2/3 kop/100 g (konditorer) pulveriseret sukker, sigtet

25-30ml/1½-2 spsk meget stærk sort kaffe

Kom sukkeret i en skål og tilsæt gradvist kaffen, indtil glasuren er glat.

## *Frosset citronglasur*

Nok til at dække en 20 cm/8 tommer kage

2/3 kop/100 g (konditorer) pulveriseret sukker, sigtet

25-30ml/1½-2 spsk citronsaft

Fin skal af 1 citron

Kom sukkeret i en skål og bland gradvist saft og citronskal, indtil glasuren er homogen.

## *orange glasur*

Nok til at dække en 20 cm/8 tommer kage

2/3 kop/100 g (koncitorer) pulveriseret sukker, sigtet

25-30 ml/1½-2 spsk appelsinjuice

skræl af 1 appelsin, fintrevet

Kom sukkeret i en skål og bland gradvist med appelsinsaft og -skal, indtil glasuren er glat.

## Iced rom glasur

Nok til at dække en 20 cm/8 tommer kage

2/3 kop/100 g (konditorer) pulveriseret sukker, sigtet

25-30ml/1½-2 spsk rom

Kom sukkeret i en skål og tilsæt gradvist rommen, indtil glasuren er glat.

## Vaniljeis frosting

Nok til at dække en 20 cm/8 tommer kage

2/3 kop/100 g (konditorer) pulveriseret sukker, sigtet

25 ml/1½ spsk vand

Et par dråber vaniljeessens (ekstrakt)

Kom sukkeret i en skål og bland gradvist med vandet og vaniljeekstrakten, indtil glasuren er glat.

## Kogt chokolade glasur

Nok til at dække en 9/23 cm kage

275 g/10 oz/1¼ kopper granuleret sukker

100 g/4 oz/1 kop naturlig chokolade (halvsød)

50 g/2 oz/¼ kop kakaopulver (usødet chokolade).

120 ml/4 oz/½ kop vand

Bring alle ingredienser i kog, under omrøring, indtil de er godt blandet. Kog ved middel varme ved 108°C, eller når der dannes en lang tråd mellem to teskefulde. Hæld i en bred skål og pisk til det er tykt og blankt.

## Chokolade og kokos overtræk

Nok til at dække en 9/23 cm kage

175 g/6 oz/1½ kopper naturlig chokolade (halvsød)

90 ml/6 spsk kogende vand

225 g / 8 oz / 2 kopper revet kokosnød (revet)

Kværn chokoladen og vandet i en blender eller foodprocessor, tilsæt derefter kokos og blend, indtil det er glat. Drys over stadig lune almindelige kager.

# Fuldende fudgen

Nok til at dække en 9/23 cm kage

2 oz/¼ kop/50 g smør eller margarine

45 ml/3 spsk kakaopulver (usødet chokolade).

60 ml/4 spsk mælk

15 oz (425 g) 2½ kopper (konditorer) pulveriseret sukker, sigtet

5 ml/1 tsk vaniljeessens (ekstrakt)

Smelt smør eller margarine i en lille gryde og bland med kakao og mælk. Bring det i kog, under konstant omrøring, og tag derefter af varmen. Tilsæt gradvist sukker og vaniljesukker og pisk til det er glat.

# Sød flødeostfyld

Nok til at dække en 30 cm/12 tommer kage

100 g/4 oz/½ kop flødeost

25 g/1 oz/2 spsk smør eller margarine, blødgjort

350 g (12 oz) flormelis, sigtet

5 ml/1 tsk vaniljeessens (ekstrakt)

30 ml/2 spsk lys honning (valgfrit)

Pisk flødeost og smør eller margarine let til det er luftigt. Bland gradvist sukker og vanilje i, indtil det er glat. Sød med lidt honning, hvis det ønskes.

## Amerikansk fløjlslak

Nok til at dække to 9/23 cm kager.

175 g/6 oz/1½ kopper naturlig chokolade (halvsød)

120 ml/4 oz/½ kop creme fraiche

5 ml/1 tsk vaniljeessens (ekstrakt)

en knivspids salt

400 g/14 oz/21/3 kopper (konditorer) flormelis, sigtet

Smelt chokoladen i en varmefast skål over kogende vand. Tag af varmen og tilsæt fløde, vaniljeessens og salt. Tilsæt gradvist sukker, indtil det er glat.

## Smørcreme frosting

Nok til at dække en 9/23 cm kage

2 oz/¼ kop/50 g smør eller margarine, blødgjort

250 g/9 oz/1½ kopper flormelis, sigtet

5 ml/1 tsk vaniljeessens (ekstrakt)

30 ml/2 spsk fløde (let).

Pisk smør eller margarine, indtil det er glat, og tilsæt derefter gradvist sukker, vaniljeekstrakt og fløde, indtil det er glat og cremet.

## *karamel glasur*

Nok til at fylde og dække en 23 cm/9 tommer kage

100 g/4 oz/½ kop smør eller margarine

225 g/8 oz/1 kop sødt brun farin

60 ml/4 spsk mælk

350 g (12 oz) flormelis, sigtet

Smelt smør eller margarine og sukker ved lav varme under konstant omrøring, indtil det er glat. Tilsæt mælken og bring det i kog. Fjern fra varmen og lad afkøle. Tilsæt pulveriseret sukker, indtil du opnår en smørbar konsistens.

## *citron glasur*

Nok til at dække en 9/23 cm kage

25 g/1 oz/2 spsk smør eller margarine

5 ml/1 tsk revet citronskal

30 ml/2 spsk citronsaft

250 g/9 oz/1½ kopper flormelis, sigtet

Pisk smør eller margarine og citronskal til det er let og luftigt. Pisk gradvist citronsaft og sukker i, indtil det er glat.

# Kaffe smørcreme frosting

Nok til at fylde og dække en 23 cm/9 tommer kage

1 æggehvide

75 g/3 oz/1/3 kop smør eller margarine, blødgjort

30 ml/2 spsk varm mælk

5 ml/1 tsk vaniljeessens (ekstrakt)

15 ml/1 spsk granuleret instant kaffe

en knivspids salt

350 g (12 oz/2 kopper) pulveriseret sukker, sigtet

Bland æggehvide, smør eller margarine, varm mælk, vaniljeessens, kaffe og salt. Tilsæt pulveriseret sukker gradvist, indtil det er glat.

# Lady Baltimore hopper

Nok til at fylde og dække en 23 cm/9 tommer kage

1/3 kop/2 oz/50 g rosiner, hakket

2 oz/50 g/¼ kop glaserede (kandiserede) kirsebær, hakket

2 oz/½ kop/50 g pekannødder, hakket

25 g/1 oz/3 spsk. tørrede figner, hakkede

2 æggehvider

350 g/12 oz/1½ kopper granuleret sukker

En knivspids tatar

75 ml/5 spsk koldt vand

en knivspids salt

5 ml/1 tsk vaniljeessens (ekstrakt)

Kombiner rosiner, kirsebær, valnødder og figner. Pisk æggehvider, sukker, fløde tatar, vand og salt i en varmefast skål over en gryde med kogende vand i ca. 5 minutter, indtil der dannes stive toppe. Fjern fra varmen og rør vaniljesmag i. Bland frugten med en tredjedel af isen og brug den til at dække kagerne. Fordel derefter resten ovenpå og rundt om kagens kanter.

# hvid emalje

Nok til at dække en 9/23 cm kage

225 g/8 oz/1 kop granuleret sukker

1 æggehvide

30 ml/2 spsk vand

15 ml/1 spsk gylden sirup (lys majs)

Pisk sukker, æggehvider og vand i en varmefast skål over en gryde med kogende vand. Fortsæt med at piske i op til 10 minutter, indtil blandingen tykner og danner stive toppe. Fjern fra varmen og tilsæt siruppen. Fortsæt med at piske indtil blandingen er spredt.

# Cremet hvid frosting

Nok til at fylde og dække en 23 cm/9 tommer kage

75 ml/5 spsk fløde (let).

5 ml/1 tsk vaniljeessens (ekstrakt)

75 g/3 oz/1/3 kop flødeost

2 tsk/10 ml smør eller margarine, blødgjort

en knivspids salt

350 g (12 oz) flormelis, sigtet

Bland fløde, vanillecreme, flødeost, smør eller margarine og salt, indtil det er glat. Tilsæt pulveriseret sukker gradvist, indtil det er glat.

# *luftig hvid frosting*

Nok til at fylde og dække en 23 cm/9 tommer kage

2 æggehvider

350 g/12 oz/1½ kopper granuleret sukker

En knivspids tatar

75 ml/5 spsk koldt vand

en knivspids salt

5 ml/1 tsk vaniljeessens (ekstrakt)

Pisk æggehvider, sukker, fløde af vinsten, vand og salt i en varmefast skål over en gryde med kogende vand, indtil der dannes stive toppe, cirka 5 minutter. Fjern fra varmen og rør vaniljesmag i. Brug den til at fordele kagen og fordel resten over toppen og rundt i kanterne.

# *brun farin glasur*

Nok til at dække en 9/23 cm kage

225 g/8 oz/1 kop sødt brun farin

1 æggehvide

30 ml/2 spsk vand

5 ml/1 tsk vaniljeessens (ekstrakt)

Pisk sukker, æggehvider og vand i en varmefast skål over en gryde med kogende vand. Fortsæt med at piske i op til 10 minutter, indtil blandingen tykner og danner stive toppe. Fjern fra varmen og tilsæt vaniljesmag. Fortsæt med at piske indtil blandingen er spredt.

## *vanilje topping*

Nok til at fylde og dække en 23 cm/9 tommer kage

1 æggehvide

75 g/3 oz/1/3 kop smør eller margarine, blødgjort

30 ml/2 spsk varm mælk

5 ml/1 tsk vaniljeessens (ekstrakt)

en knivspids salt

350 g (12 oz/2 kopper) pulveriseret sukker, sigtet

Bland æggehvide, smør eller margarine, varm mælk, vaniljeessens og salt. Tilsæt pulveriseret sukker gradvist, indtil det er glat.

# *Fløde*

Gør 1 quart/2½ kopper/600 ml

100 g/4 oz/½ kop granuleret sukker

50 g/2 oz/¼ kop majsstivelse

4 æggeblommer

600 ml/1 pt/2½ kopper mælk

1 vaniljestang (stang)

Pulversukker (konfekture), sigtet, til drys

Pisk halvdelen af sukkeret med majsmel og æggeblommer, indtil der dannes et godt skum. Kog resten af sukkeret og mælken op sammen med vaniljestangen. Pisk sukkerblandingen ud i den varme mælk, og lad den koge tilbage under konstant piskning i 3 minutter, indtil den er tyknet. Hæld i en skål, drys med flormelis, så der ikke dannes et skind, og lad afkøle. Ryst igen før brug.

# *Flødefyld*

Nok til at fylde en 9/23 cm kage

325 ml/11 oz/11/3 kopper mælk

45 ml/3 spsk majsmel (majsstivelse)

60 g/2½ oz/1/3 kop granuleret sukker

1 æg

15 ml/1 spsk smør eller margarine

5 ml/1 tsk vaniljeessens (ekstrakt)

Bland 30ml/2 spsk mælk med majsmel, sukker og æg. Bring den resterende mælk i kog i en lille gryde. Tilsæt gradvist den varme mælk til æggeblandingen. Skyl gryden, hæld blandingen i gryden og rør ved svag varme, indtil den er tyknet. Bland smør eller margarine og vaniljeessens. Dæk med bagepapir (vokset) og lad afkøle.

# *Dansk flødefyld*

Giver 750 ml / 1¼ pts / 3 kopper

2 æg

50 g/2 oz/¼ kop granuleret sukker

50 g/2 oz/½ kop almindeligt mel (all-purpose)

600 ml/1 pt/2½ kopper mælk

¼ vaniljestang (stang)

Pisk æg og sukker til det er tykt. Tilsæt melet lidt efter lidt. Bring mælk og vaniljestang i kog. Fjern vaniljestangen og tilsæt mælken til æggeblandingen. Vend tilbage til gryden og kog langsomt i 2-3 minutter, mens du rører hele tiden. Lad afkøle før brug.

# Rigt dansk cremefyld

Giver 750 ml / 1¼ pts / 3 kopper

4 æggeblommer

30 ml/2 spsk granuleret sukker

25 ml/1½ spsk almindeligt mel (alle formål)

10 ml / 2 tsk kartoffelstivelse

450 ml/¾ pt/2 kopper fløde (let).

Et par dråber vaniljeessens (ekstrakt)

¼ pt/2/3 kop/150 ml dobbelt creme (tung), pisket

Bland æggeblommer, sukker, mel og fløde i en gryde. Pisk over medium varme, indtil blandingen begynder at tykne. Tilsæt vaniljeessens og lad afkøle. Tilsæt flødeskummet.

# æggecreme

Giver 1¼ kop/½ pt/300 ml

2 æg, adskilt

45 ml/3 spsk majsmel (majsstivelse)

300 ml/½ pt/1¼ kop mælk

Et par dråber vaniljeessens (ekstrakt)

50 g/2 oz/¼ kop granuleret sukker

Kombiner æggeblommer, majsmel og mælk i en lille gryde, indtil det er godt blandet. Bring det i kog ved middel varme, og kog derefter i 2 minutter under konstant omrøring. Tilsæt vaniljeessens og lad afkøle.

Pisk æggehviderne til de danner et fast skum, tilsæt derefter halvdelen af sukkeret og pisk igen indtil æggehviderne danner et fast skum. Tilsæt resten af sukkeret. Tilsæt flødeblandingen og stil den på køl indtil den skal bruges.

# *Ingefærcremefyld*

Nok til at fylde en 9/23 cm kage

100 g/4 oz/½ kop smør eller margarine, blødgjort

22/3 kopper/1 pund/450 g pulveriseret sukker (konfekture), sigtet

5 ml/1 tsk malet ingefær

30 ml/2 spsk mælk

75 g/3 oz/¼ kop mørk sirup (melasse)

Pisk smør eller margarine med sukker og ingefær til det er let og cremet. Tilsæt gradvist mælk og sirup, indtil det er glat og smørbart. Er fyldet for tyndt tilsættes lidt sukker.

# *citron pynt*

Giver 250 ml / 8 fl oz / 1 kop

100 g/4 oz/½ kop granuleret sukker

30 ml/2 spsk majsmel (majsstivelse)

60 ml/4 spsk citronsaft

15 ml / 1 spsk revet citronskal

120 ml/4 oz/½ kop vand

en knivspids salt

15 ml/1 spsk smør eller margarine

Bland alle ingredienser undtagen smør eller margarine i en lille gryde ved svag varme, mens du rører forsigtigt, indtil det er godt blandet. Bring i kog og kog i 1 minut. Tilsæt smør eller margarine og lad det køle af. Stil på køl før brug.

# *chokolade glasur*

Hvad skal man glasere en 25 cm/10 kage med

50 g/2 oz/½ kop naturlig chokolade (halvsød), hakket

2 oz/¼ kop/50 g smør eller margarine

2,5 ml/½ tsk vaniljeessens (ekstrakt)

75 ml/5 spsk kogende vand

350 g (12 oz) flormelis, sigtet

Blend alle ingredienser i en blender eller foodprocessor, indtil det er glat, og tilsæt juice ingredienser efter behov. Brug det med det samme.

## *frugtkagefrosting*

Hvad skal man glasere en 25 cm/10 kage med

75 ml/5 spsk gylden sirup (lys majs)

60 ml/4 spsk ananas- eller appelsinjuice

Kom sirup og saft i en lille gryde og bring det i kog. Fjern fra varmen og fordel blandingen over toppen og siderne af den afkølede kage. Lad det hvile. Kog glasuren op og påfør endnu et lag på kagen.

## Orange Frugt Kage Frosting

Hvad skal man glasere en 25 cm/10 kage med

50 g/2 oz/¼ kop granuleret sukker

30 ml/2 spsk appelsinjuice

10 ml/2 tsk revet appelsinskal

Kom ingredienserne i en lille gryde og bring det i kog under konstant omrøring. Fjern fra varmen og fordel blandingen over toppen og siderne af den afkølede kage. Lad det hvile. Kog glasuren op og påfør endnu et lag på kagen.

# Mandelmarengs firkanter

give 12

225 g smørdej

60 ml/4 spsk hindbærsyltetøj (gemt)

2 æggehvider

50 g/2 oz/½ kop malede mandler

100 g/4 oz/½ kop granuleret sukker

Et par dråber mandelessens (ekstrakt)

1 ounce/¼ kop skårede mandler (hakket)

Rul dejen (dejen) ud og beklæd en smurt 30 x 20 cm/12 x 8 briocheform (geleform) Smør med marmelade. Pisk æggehviderne stive og tilsæt derefter forsigtigt de malede mandler, sukker og mandelessens. Fordel syltetøjet ovenpå og drys med flåede mandler. Bages i en forvarmet ovn ved 180°C/350°F/termostat 4 i 45 minutter, indtil de er gyldne og sprøde. Lad afkøle og skær derefter i firkanter.

## *engle dråber*

give 24

2 oz/¼ kop/50 g smør eller margarine, blødgjort

50 g/2 oz/¼ kop spæk (forkortet)

100 g/4 oz/½ kop granuleret sukker

1 lille æg, pisket

Et par dråber vaniljeessens (ekstrakt)

175 g/6 oz/1½ kopper selvhævende mel (hævet)

45 ml/3 spsk havre

2 oz/50 g/¼ kop glaserede kirsebær (kandiserede), halveret

Pisk smør eller margarine, spæk og sukker let og luftigt. Tilsæt æg og vaniljeessens, tilsæt melet og bland indtil du får en fast dej. Skær i kugler og rul dem i havre. Fordel godt på en smurt bageplade og drys hvert kirsebær. Bages i en forvarmet ovn ved 180°C/350°F/termostat 4 i 20 minutter, indtil den er stivnet. Lad afkøle på pladen.

# *mandelflager*

give 12

100 g/4 oz/½ kop smør eller margarine

225 g/8 oz/2 kopper almindeligt mel (all-purpose)

5 ml/1 tsk bagepulver

50 g/2 oz/¼ kop granuleret sukker

1 æg, adskilt

75 ml/5 spsk hindbærsyltetøj (på dåse)

2/3 kop/100 g (konditorer) pulveriseret sukker, sigtet

100 g / 4 oz / 1 kop skåret mandler (skåret i skiver)

Smør eller margarine gnides med mel og bagepulver, indtil blandingen minder om brødkrummer. Tilsæt sukkeret, tilsæt derefter æggeblommen og ælt til du har en fast dej. Rul ud på en let meldrysset overflade, så den passer til en smurt briocheform på 30 x 20 cm/12 x 8. Tryk forsigtigt ind i formen, og løft en smule i kanterne af dejen for at skabe en kant. Smøres med marmelade. Pisk æggehviderne stive og tilsæt derefter pulveriseret sukker gradvist. Fordel marmelade på toppen og drys med mandler. Bages i forvarmet ovn ved 160°C/325°F/termostat 3 i 1 time, indtil de er gyldne og stivnet. Lad den køle af i gryden i 5 minutter, mos derefter med fingrene og læg den på en rist for at køle helt af.

# Bakewell Tarteletter

give 24

Til kager:

25 g / 1 oz / 2 spsk silava (forkortet)

25 g/1 oz/2 spsk smør eller margarine

100 g/4 oz/1 kop almindeligt mel (all-purpose)

en knivspids salt

30 ml/2 spsk vand

45 ml/3 spsk hindbærsyltetøj (på dåse)

Til påfyldning:

2 oz/¼ kop/50 g smør eller margarine, blødgjort

50 g/2 oz/¼ kop granuleret sukker

1 æg, let pisket

25 g/1 oz/¼ kop selvhævende mel (hævet)

25 g/1 oz/¼ kop malede mandler

Et par dråber mandelessens (ekstrakt)

Til dejen æltes bacon og smør eller margarine med mel og salt, indtil blandingen minder om brødkrummer. Bland nok vand til at lave en blød dej. Fordel tyndt på en meldrysset overflade, skær i 3/7 cm skiver og beklæd to smurte brødforme (kødforme). Syltetøjsfyld.

Til fyldet blandes smør eller margarine og sukker og ægget tilsættes lidt efter lidt. Hæld mel, malede mandler og mandelessens i. Hæld blandingen i tarteletterne og sæt kanterne sammen med dejen, så marmeladen er helt dækket. Bages i en forvarmet ovn ved 180°C/350°F/termostat 4 i 20 minutter, indtil de er gyldenbrune.

# Chokolade sommerfugle kager

Gør omkring 12 kager

Til kager:
100 g/4 oz/½ kop smør eller margarine, blødgjort

100 g/4 oz/½ kop granuleret sukker

2 æg, let pisket

100 g/4 oz/1 kop selvhævende mel

30 ml/2 spsk kakaopulver (usødet chokolade).

en knivspids salt

30 ml/2 spsk kold mælk

Til glasur (frosting):
2 oz/¼ kop/50 g smør eller margarine, blødgjort

2/3 kop/100 g (konditorer) pulveriseret sukker, sigtet

10 ml/2 tsk varm mælk

For at lave kager, pisk smør eller margarine og sukker, indtil det er lyst og luftigt. Tilsæt æggene lidt efter lidt, skiftevis med mel, kakao og salt, og tilsæt derefter mælken, indtil du får en jævn blanding. Hæld i papirkageforme (cupcakeforme) eller smurte brødforme (steakforme) og bag dem i en forvarmet ovn ved 190°/375°F/termostat 5 i 15 til 20 minutter, indtil de er bløde. De er godt oppustede og fleksible. Lad afkøle. Skær toppen af cupcakes vandret, og skær dem derefter i halve lodret for at danne sommerfugle "vinger".

Pisk smør eller margarine, indtil glasuren er glat, og tilsæt derefter halvdelen af flormelisen. Pisk mælken i og derefter resten af sukkeret. Fordel isblandingen mellem kagerne, og tryk derefter "vingerne" diagonalt på toppen af kagerne.

# *kokos kager*

give 12

100 g sandkager

2 oz/¼ kop/50 g smør eller margarine, blødgjort

50 g/2 oz/¼ kop granuleret sukker

1 sammenpisket æg

25 g / 1 oz / 2 spsk rismel

50 g/2 oz/½ kop revet kokosnød (revet)

¼ teskefuld/1,5 ml bagepulver

60 ml/4 spsk. chokoladecreme

Rul dejen (dejen) ud og beklæd brødformens dele (kødformen). Flød smør eller margarine og sukker og pisk æg og rismel i. Bland kokos og bagepulver. Fordel en lille skefuld chokoladepålæg på hver stak dej (tærtebund). Hæld kokosblandingen over toppen og bag i den forvarmede ovn ved 200°C/400°F/termostat 6 i 15 minutter, indtil den er hævet og gylden.

# søde cupcakes

give 15

100 g/4 oz/½ kop smør eller margarine, blødgjort

225 g/8 oz/1 kop granuleret sukker

2 æg

5 ml/1 tsk vaniljeessens (ekstrakt)

175 g/6 oz/1½ kopper selvhævende mel (hævet)

5 ml/1 tsk bagepulver

en knivspids salt

75 ml/5 spsk mælk

Pisk smør eller margarine og sukker let og luftigt. Tilsæt gradvist æg og wienerbrødscreme, pisk godt efter hver tilsætning. Tilsæt mel, bagepulver og salt skiftevis med mælken, pisk godt. Hæld blandingen i papirkageforme (cupcake-papir) og bag i en forvarmet ovn ved 190°C/375°F/termostat 5 i 20 minutter, indtil en tandstik indsat i midten kommer ren ud.

# Kaffe Dot kager

give 12

Til kager:

100 g/4 oz/½ kop smør eller margarine, blødgjort

100 g/4 oz/½ kop granuleret sukker

2 æg, let pisket

100 g/4 oz/1 kop selvhævende mel

10 ml/2 tsk kaffeessens (ekstrakt)

Til glasur (frosting):

2 oz/¼ kop/50 g smør eller margarine, blødgjort

2/3 kop/100 g (konditorer) pulveriseret sukker, sigtet

Et par dråber kaffeessens (ekstrakt)

100 g/4 oz/1 kop chokoladechips

For at lave kager, pisk smør eller margarine og sukker, indtil det er lyst og luftigt. Tilsæt æggene lidt efter lidt og tilsæt mel og kaffeessens. Hæld blandingen i papirkageforme (cupcake-papir) foret med en kagerulle (kødform) og bag i en forvarmet ovn ved 180°C/350°F/termostat 4 i 20 minutter, indtil den er godt pustet og spændstig.. Lad afkøle.

Pisk smør eller margarine, indtil det er glat for at lave glasuren, og tilsæt derefter pulveriseret sukker og kaffeessens. Fordel kagernes overflade og pynt med chokoladechips.

# *Eccles kager*

Dag 16

2 oz/¼ kop/50 g smør eller margarine

50 g/2 oz/¼ kop sødt brun farin

225 g/8 oz/11/3 kopper rosiner

450 g butter- eller butterdej

En smule mælk

45 ml/3 spsk fint sukker

Smelt smør eller margarine og brun farin ved svag varme, rør godt rundt. Fjern fra varmen og tilsæt ribs. Afkøl let. Dejen (dejen) rulles ud på en meldrysset overflade og skæres i 16 cirkler. Fordel fyldblandingen mellem cirklerne, fold kanterne ind mod midten og pensl med vand for at forsegle kanterne. Vend kagerne og rul forsigtigt med en kagerulle, så de bliver lidt flade. Skær tre skiver oven på hver, dryp med mælk og drys med sukker. Læg dem på en smurt bageplade og bag dem i en forvarmet ovn ved 200°C/400°F/termostat 6 i 20 minutter, indtil de er gyldenbrune.

# *muffin*

omkring 12 siden

100 g/4 oz/½ kop smør eller margarine, blødgjort

100 g/4 oz/½ kop granuleret sukker

2 æg, let pisket

100 g/4 oz/1 kop selvhævende mel

en knivspids salt

30 ml/2 tsk mælk

Et par dråber vaniljeessens (ekstrakt)

Pisk smør eller margarine og sukker let og luftigt. Tilsæt gradvist æggene, skiftevis med mel og salt, og tilsæt derefter mælk og vaniljeessens, indtil det er glat. Hæld i papirkageforme (cupcakeforme) eller smurte brødforme (steakforme) og bag i en forvarmet ovn ved 190°C/375°F/termostat 5 i 15-20 minutter, indtil de er bløde.

# *Feather Frosted Fairy Cakes*

give 12

2 oz/¼ kop/50 g smør eller margarine, blødgjort

50 g/2 oz/¼ kop granuleret sukker

1 æg

50 g/2 oz/½ kop selvhævende mel (hævet)

100 g/4 oz/2/3 kop (konditorer) pulveriseret sukker

15 ml / 1 spsk varmt vand

Et par dråber madfarve

Pisk smør eller margarine og sukker let og luftigt. Tilsæt ægget lidt efter lidt og tilsæt derefter melet. Fordel blandingen mellem 12 papirkopper (cupcake liners) foret med muffin liners (steak liners). Bages i forvarmet ovn ved 160°C/325°F/termostat 3 i 15-20 minutter, indtil de er hævede og spændstige. Lad afkøle.

Bland pulveriseret sukker og varmt vand. Farv en tredjedel af frostingen med madfarve efter eget valg. Fordel den hvide frosting ovenpå kagen. Sprøjt den farvede frosting i streger over kagen, og kør derefter spidsen af kniven vinkelret på linjerne, først i den ene retning og derefter den anden, for at skabe et bølget mønster. Lad tage.

# Genuesiske fantasier

give 12

3 æg, let pisket

75 g/3 oz/1/3 kop granuleret sukker

75 g/3 oz/¾ kop selvhævende mel (hævet)

Et par dråber vaniljeessens (ekstrakt)

25 g/1 oz/2 spsk smør eller margarine, smeltet og afkølet

60 ml/4 spsk abrikosmarmelade (på dåse), siet

60 ml / 4 spiseskefulde vand

8 oz/11/3 kopper/225 g pulveriseret (konditorsukker), sigtet

Et par dråber pink og blå madfarve (valgfrit)

Kagepynt

Læg æg og flormelis i en varmefast skål sat over kogende vand. Pisk indtil blandingen skiller sig fra skummet i strimler. Tilsæt mel og vaniljeessens, derefter smør eller margarine. Hæld blandingen i en smurt 30 x 20 cm/12 x 8 muffinform og bag i en forvarmet ovn ved 190°C/375°F/Termostat 5 i 30 minutter. Lad afkøle og skær derefter i forme. Varm marmeladen op med 30ml/2 spsk. vand og fordel ud over kagerne.

Sigt flormelisen i en skål. Hvis du vil have frostingen i forskellige farver, så del den i separate skåle og lav en brønd i midten af hver. Tilsæt gradvist et par dråber madfarve og nok resterende vand til at blande, indtil du har en ret stiv frosting. Fordel på kagerne og pynt efter ønske.

# *makaroni med mandler*

Dag 16

rispapir

100 g/4 oz/½ kop granuleret sukker

50 g/2 oz/½ kop malede mandler

5 ml/1 tsk malet ris

Et par dråber mandelessens (ekstrakt)

1 æggehvide

8 mandler i skiver, skåret i halve

Beklæd bagepladen (småkage) med rispapir. Bland alle ingredienserne, undtagen de blancherede mandler, indtil du får en fast pasta og pisk godt. Kom skefulde af blandingen på bagepladen og top hver med en halv mandel. Bages i en forvarmet ovn ved 150°C/325°F/termostat 3 i 25 minutter. Lad afkøle på bagepladen og klip eller riv hver enkelt for at frigøre det fra arket rispapir.

# kokosmakroner

Dag 16

2 æggehvider

150 g/5 oz/2/3 kop granuleret sukker

150 g/5 oz/1¼ kopper tørret kokosnød (revet)

rispapir

8 glaserede kirsebær (kandiserede), skåret i halve

Pisk æggehviderne, indtil der dannes stive toppe. Pisk sukker indtil dejen danner stive toppe. Tilsæt kokos. Læg et stykke ris på en bageplade og hæld blandingen ud på pladen. Læg en kirsebærhalvdel ovenpå hver. Bages i en forvarmet ovn ved 160°C/termostat 3 i 30 minutter, indtil de er gennemstegte. Lad rispapiret køle af og klip eller riv hvert enkelt af for at frigøre det fra rispapirarket.

# *lime pasta*

give 12

100 g sandkager

60 ml/4 spsk limemarmelade

2 æggehvider

50 g/2 oz/¼ kop granuleret sukker

25 g/1 oz/¼ kop malede mandler

10 ml/2 tsk malet ris

5 ml/1 tsk appelsinblomstvand

Rul dejen (dejen) ud og beklæd brødformens dele (kødformen). Hæld en lille skefuld marmelade i hver tærtebund (tærtebund). Pisk æggehviderne, indtil der dannes stive toppe. Pisk sukkeret stift og blankt. Tilsæt mandler, ris og appelsinblomstvand. Hæld i sagerne, og dækker marmeladen helt. Bages i en forvarmet ovn ved 180°C/350°F/termostat 4 i 30 minutter, indtil de er hævede og gyldne.

# *havregrynspasta*

give 24

175 g/6 oz/1½ kopper havregryn

175 g/6 oz/¾ kop muscovadosukker

120 ml/4 oz/½ kop olie

1 æg

2,5 ml/½ tsk salt

2,5 ml/½ tsk mande essens (ekstrakt)

Bland havreflager, sukker og olie og lad det hvile i 1 time. Pisk æg, salt og mandelessens. Læg skefulde af blandingen på en smurt bageplade og bag i en forvarmet ovn ved 160°C/325°F/termostat 3 i 20 minutter, indtil den er gyldenbrun.

# Cupcake

Dag 9

100 g/4 oz/½ kop smør eller margarine, blødgjort

100 g/4 oz/½ kop granuleret sukker

2 æg, let pisket

100 g/4 oz/1 kop selvhævende mel

175 g/½ kop jordbær- eller hindbærsyltetøj (på dåse)

60 ml / 4 spiseskefulde vand

50 g/2 oz/½ kop revet kokosnød (revet)

5 glaserede kirsebær (kandiserede), skåret i halve

Pisk smør eller margarine, indtil det er lyst og luftigt, og pisk derefter sukkeret i, indtil det er lyst og luftigt. Tilsæt æggene lidt efter lidt og tilsæt melet. Hæld i ni smurte darioleforme og læg på en bageplade. Bages i en forvarmet ovn ved 190°C/375°F/termostat 5 i 20 minutter, indtil de er godt hævede og gyldne. Lad afkøle i pander i 5 minutter, og vend derefter ud på en rist for at køle helt af.

Klip toppen af hver kage for at skabe en jævn bund. Si (si) marmeladen og kog med vand i en lille gryde under omrøring, indtil den er godt blandet. Fordel kokosnødden på et stort stykke bagepapir (vokset). Stik spyddene i bunden af den første kage, fordel med syltetøjsglasuren og rul derefter kokosen ind, så den dækker. Læg på et serveringsfad. Gentag med andre kager. Pynt med halverede glaskirsebær.

# *Marcipan kager*

omkring 12 siden

450 g/1 lb/4 kopper malede mandler

2/3 kop/100 g (konditorer) pulveriseret sukker, sigtet

100 g/4 oz/½ kop granuleret sukker

30 ml/2 spsk vand

3 æggehvider

Til glasur (frosting):
2/3 kop/100 g (konditorer) pulveriseret sukker, sigtet

1 æggehvide

2,5 ml/½ teskefuld eddike

Kom alle kageingredienserne i en gryde og rør forsigtigt, indtil dejen har absorberet al væsken. Fjern fra varmen og lad afkøle. På en let meldrysset overflade rulles 1/2 cm tyk ud med en kagerulle og skæres i 1½/3 cm strimler. Skær i 5 cm/2 stykker, læg på en smurt bageplade og bag i en forvarmet ovn ved 150°C/300°F/termostat 2 i 20 minutter, indtil den er let brunet på toppen. Lad afkøle.

For at lave glasuren skal du gradvist piske æggehvider og eddike i pulveriseret sukker, indtil du har en glat, tyk glasur. Hæld glasuren over kagerne.

# *muffin*

give 12

225 g/8 oz/2 kopper almindeligt mel (all-purpose)

100 g/4 oz/½ kop granuleret sukker

10 ml / 2 tsk bagepulver

2,5 ml/½ tsk salt

1 æg, let pisket

250 ml/8 oz/1 kop mælk

120 ml/4 oz/½ kop olie

Bland mel, sukker, gær og salt og lav en fordybning i midten. Bland resten af ingredienserne sammen og bland i de tørre ingredienser, indtil de er blandet. Bland ikke for meget. Hæld i smurte (papir) muffinforme eller muffinforme og bag i den forvarmede ovn ved 200°C/400°F/termostat 6 i 20 minutter, indtil de er godt hævede og spændstige.

# *Æble muffins*

give 12

225 g/8 oz/2 kopper almindeligt mel (all-purpose)

100 g/4 oz/½ kop granuleret sukker

10 ml / 2 tsk bagepulver

2,5 ml/½ tsk salt

1 æg, let pisket

250 ml/8 oz/1 kop mælk

120 ml/4 oz/½ kop olie

2 spiseæbler (dessert), skrællet, udkernet og hakket

Bland mel, sukker, gær og salt og lav en fordybning i midten. Bland resten af ingredienserne sammen og bland i de tørre ingredienser, indtil de er blandet. Bland ikke for meget. Hæld i smurte (papir) muffinforme eller muffinforme og bag i den forvarmede ovn ved 200°C/400°F/termostat 6 i 20 minutter, indtil de er godt hævede og spændstige.

# *Bananmuffins*

give 12

225 g/8 oz/2 kopper almindeligt mel (all-purpose)

100 g/4 oz/½ kop granuleret sukker

10 ml / 2 tsk bagepulver

2,5 ml/½ tsk salt

1 æg, let pisket

250 ml/8 oz/1 kop mælk

120 ml/4 oz/½ kop olie

2 bananer, mosede

Bland mel, sukker, gær og salt og lav en fordybning i midten. Bland resten af ingredienserne sammen og bland i de tørre ingredienser, indtil de er blandet. Bland ikke for meget. Hæld i smurte (papir) muffinforme eller muffinforme og bag i den forvarmede ovn ved 200°C/400°F/termostat 6 i 20 minutter, indtil de er godt hævede og spændstige.

# *Ribsmuffins*

give 12

225 g/8 oz/2 kopper selvhævende mel (hævet)

75 g/3 oz/1/3 kop granuleret sukker

2 æggehvider

75 g/3 oz solbær

200 ml / 7 fl oz / næsten 1 kop mælk

30 ml/2 spsk olie

Bland mel og sukker. Pisk æggehviderne let til skum og bland dem derefter med de tørre ingredienser. Tilsæt solbær, mælk og olie. Hæld i de smurte muffinsforme og bag i den forvarmede ovn ved 200°C/400°F/termostat 6 i 15-20 minutter, indtil de er gyldenbrune.

# *Amerikanske blåbærmuffins*

give 12

150 g/5 oz/1¼ kopper almindeligt mel (all-purpose)

75 g/3 oz/¾ kop majsmel

75 g/3 oz/1/3 kop granuleret sukker

10 ml / 2 tsk bagepulver

en knivspids salt

1 æg, let pisket

75 g/3 oz/1/3 kop smør eller margarine, smeltet

250 ml / 8 fl oz / 1 kop kærnemælk

100 g/4 oz blåbær

Bland mel, majsmel, sukker, bagepulver og salt og lav en fordybning i midten. Tilsæt æg, smør eller margarine og kærnemælk og bland til det er glat. Kombiner blåbær eller brombær. Hæld cupcakes i forme (i papir) og bag dem i en forvarmet ovn ved 200°C/400°F/termostat 6 i 20 minutter, indtil de er gyldne og elastiske.

# *kirsebærmuffins*

give 12

225 g/8 oz/2 kopper almindeligt mel (all-purpose)

100 g/4 oz/½ kop granuleret sukker

100 g/4 oz/½ kop glaserede kirsebær (kandiserede)

10 ml / 2 tsk bagepulver

2,5 ml/½ tsk salt

1 æg, let pisket

250 ml/8 oz/1 kop mælk

120 ml/4 oz/½ kop olie

Bland mel, sukker, kirsebær, bagepulver og salt og lav en fordybning i midten. Bland resten af ingredienserne sammen og bland i de tørre ingredienser, indtil de er blandet. Bland ikke for meget. Hæld i smurte (papir) muffinforme eller muffinforme og bag i den forvarmede ovn ved 200°C/400°F/termostat 6 i 20 minutter, indtil de er godt hævede og spændstige.

# *chokolade muffins*

Dag 10-12

175 g/6 oz/1½ kopper almindeligt mel (all-purpose)

40 g/1½ oz/1/3 kop kakaopulver (usødet chokolade)

100 g/4 oz/½ kop granuleret sukker

10 ml / 2 tsk bagepulver

2,5 ml/½ tsk salt

1 stort æg

250 ml/8 oz/1 kop mælk

2,5 ml/½ tsk vaniljeessens (ekstrakt)

120 ml / 4 fl oz / ½ kop solsikke- eller vegetabilsk olie

Bland de tørre ingredienser og lav en brønd i midten. Bland forsigtigt æg, mælk, vaniljeessens og olie. Tilsæt hurtigt væsken til de tørre ingredienser, indtil de er blandet. Ødelæg det ikke; Blandingen skal være klumpet. Hæld cupcaken i formene (papirerne) eller formene (formene) og bag dem i en forvarmet ovn ved 200°C/400°F/termostat 6 i ca. 20 minutter, indtil den er godt pustet og elastisk.

## *chokolade muffins*

give 12

175 g/6 oz/1½ kopper almindeligt mel (all-purpose)

100 g/4 oz/½ kop granuleret sukker

45 ml/3 spsk kakaopulver (usødet chokolade).

100 g/4 oz/1 kop chokoladechips

10 ml / 2 tsk bagepulver

2,5 ml/½ tsk salt

1 æg, let pisket

250 ml/8 oz/1 kop mælk

120 ml/4 oz/½ kop olie

2,5 ml/½ tsk vaniljeessens (ekstrakt)

Bland mel, sukker, kakao, chokoladechips, bagepulver og salt og lav en fordybning i midten. Bland resten af ingredienserne sammen og bland i de tørre ingredienser, indtil de er blandet. Bland ikke for meget. Hæld i smurte (papir)muffinforme eller muffinforme og bag i den forvarmede ovn ved 200°C/400°F/termostat 6 i 20 minutter, indtil de er godt hævede og spændstige.

# kanel kage

give 12

225 g/8 oz/2 kopper almindeligt mel (all-purpose)

100 g/4 oz/½ kop granuleret sukker

10 ml / 2 tsk bagepulver

5 ml/1 tsk stødt kanel

2,5 ml/½ tsk salt

1 æg, let pisket

250 ml/8 oz/1 kop mælk

120 ml/4 oz/½ kop olie

Bland mel, sukker, gær, kanel og salt og lav en fordybning i midten. Bland resten af ingredienserne sammen og bland i de tørre ingredienser, indtil de er blandet. Bland ikke for meget. Hæld i smurte (papir) muffinforme eller muffinforme og bag i den forvarmede ovn ved 200°C/400°F/termostat 6 i 20 minutter, indtil de er godt hævede og spændstige.

# *Majsmel muffins*

give 12

50 g/2 oz/½ kop almindeligt mel (all-purpose)

100 g/4 oz/1 kop majsmel

5 ml/1 tsk bagepulver

1 æg, adskilt

1 æggeblomme

30ml/2 spsk majsolie

30 ml/2 spsk mælk

Bland mel, majsmel og bagepulver. Bland æggeblommer, olie og mælk, og bland dem derefter i de tørre ingredienser. Pisk æggehviden stiv og vend den derefter ind i blandingen. Hæld i smurte (papir) muffinforme eller muffinforme og bag i den forvarmede ovn ved 200°C/400°F/termostat 6 i ca. 20 minutter, indtil de er gyldenbrune.

# *Hele figenmuffins*

Giv det 10

100 g/4 oz/1 kop fuldkornshvedemel

5 ml/1 tsk bagepulver

50 g/2 oz/½ kop havre

1/3 kop/2 oz/50 g tørrede figner, hakkede

45 ml/3 spsk olie

75 ml/5 spsk mælk

15 ml/1 spsk mørk sirup (melasse)

1 æg, let pisket

Bland mel, bagepulver og havregryn, og tilsæt derefter fignerne. Varm olien, mælken og siruppen op, indtil de er blandet, bland derefter de tørre ingredienser med ægget og bland indtil en fast dej. Hæld skefulde af blandingen i muffinforme (papir) eller smurte muffinforme (forme) og bag i den forvarmede ovn ved 190°C/375°F/termostat 5 i ca. 20 minutter, indtil de er møre.

# *Frugt- og klidmuffins*

give 8

100 g/4 oz/1 kop hel klid korn

50 g/2 oz/½ kop almindeligt mel (all-purpose)

2,5 ml/½ tsk bagepulver

5 ml/1 tsk bagepulver (bagepulver)

5 ml/1 tsk. hakkede krydderier (æblekage)

50 g/2 oz/1/3 kop rosiner

100 g/4 oz/1 kop æblemos (sovs)

5 ml/1 tsk vaniljeessens (ekstrakt)

30 ml/2 spsk mælk

Bland de tørre ingredienser og lav en brønd i midten. Tilsæt rosiner, æblemos, vanillecreme og nok mælk til at lave en luftig blanding. Hæld i smurte muffinforme (papir) eller muffinforme (forme) og bag i den forvarmede ovn ved 200°C/400°F/termostat 6 i 20 minutter, indtil de er godt hævede og gyldne.

# *Havregryn muffins*

give 20

100 g/4 oz/1 kop havregryn

100 g/4 oz/1 kop havregryn

225 g/8 oz/2 kopper fuldkornshvedemel

10 ml / 2 tsk bagepulver

50 g/2 oz/1/3 kop rosiner (valgfrit)

375 ml/13 oz/1½ kop mælk

10 ml / 2 tsk olie

2 æggehvider

Bland havregryn, mel og bagepulver og tilsæt rosinerne, hvis du bruger. Bland mælk og olie. Pisk æggehviderne stive og tilsæt dem derefter til blandingen. Hæld i smurte muffinforme (papir) eller muffinforme (forme) og bag i den forvarmede ovn ved 190°C/375°F/termostat 5 i ca. 25 minutter, indtil de er gyldenbrune.

# *Havregryn og frugtmuffins*

Giv det 10

100 g/4 oz/1 kop fuldkornshvedemel

100 g/4 oz/1 kop havregryn

15 ml/1 spsk bagepulver

100 g/4 oz/2/3 kop rosiner (gyldne rosiner)

2 oz/½ kop/50 g hakkede valnødder

1 spiseæble (dessert), skrællet, udkernet og revet

45 ml/3 spsk olie

30 ml/2 spsk lys honning

15 ml/1 spsk mørk sirup (melasse)

1 æg, let pisket

90 ml/6 spsk mælk

Bland mel, havre og bagepulver. Tilsæt rosiner, valnødder og æble. Varm olien, honningen og siruppen op, indtil de er smeltet, og tilsæt derefter ægget og mælken lige nok til at dryppe af. Hæld i smurte muffinforme (papir) eller muffinforme (forme) og bag i den forvarmede ovn ved 190°C/375°F/termostat 5 i ca. 25 minutter, indtil de er gyldenbrune.

# Orange muffins

give 12

100 g/4 oz/1 kop selvhævende mel

100 g/4 oz/½ kop sødt brun farin

1 æg, let pisket

120 ml/4 oz/½ kop appelsinjuice

60 ml/4 spsk olie

2,5 ml/½ tsk vaniljeessens (ekstrakt)

25 g/1 oz/2 spsk smør eller margarine

30 ml/2 spsk almindeligt mel (alle formål)

2,5 ml/½ tsk stødt kanel

Bland mel og halvdelen af sukkeret i en skål. Bland ægget, appelsinjuice, olie og vaniljeessens, og bland det derefter i de tørre ingredienser, indtil det er blandet. Bland ikke for meget. Hæld i smurte muffinforme (papir) eller muffinforme (forme) og bag i den forvarmede ovn ved 200°C/400°F/termostat 6 i 10 minutter.

Bland imens smørret eller margarinen med fyldet med universalmel og tilsæt resten af sukkeret og kanel. Drys over muffinsene og sæt tilbage i ovnen i yderligere 5 minutter, indtil de er gyldenbrune.

## *fersken muffins*

give 12

225 g/8 oz/2 kopper almindeligt mel (all-purpose)

100 g/4 oz/½ kop granuleret sukker

10 ml / 2 tsk bagepulver

2,5 ml/½ tsk salt

1 æg, let pisket

175 ml/6 fl oz/¾ kop mælk

120 ml/4 oz/½ kop olie

1 lille dåse/200 g ferskner, drænet og hakket

Bland mel, sukker, gær og salt og lav en fordybning i midten. Bland resten af ingredienserne sammen og bland i de tørre ingredienser, indtil de er blandet. Bland ikke for meget. Hæld i smurte (papir) muffinforme eller muffinforme og bag i den forvarmede ovn ved 200°C/400°F/termostat 6 i 20 minutter, indtil de er godt hævede og spændstige.

## *Jordnøddesmør muffins*

give 12

225 g/8 oz/2 kopper almindeligt mel (all-purpose)

100 g/4 oz/½ kop sødt brun farin

10 ml / 2 tsk bagepulver

2,5 ml/½ tsk salt

1 æg, let pisket

250 ml/8 oz/1 kop mælk

120 ml/4 oz/½ kop olie

45 ml/3 spsk jordnøddesmør

Bland mel, sukker, gær og salt og lav en fordybning i midten. Bland resten af ingredienserne sammen og bland i de tørre ingredienser, indtil de er blandet. Bland ikke for meget. Hæld i smurte (papir) muffinforme eller muffinforme og bag i den forvarmede ovn ved 200°C/400°F/termostat 6 i 20 minutter, indtil de er godt hævede og spændstige.

## *ananas muffins*

give 12

225 g/8 oz/2 kopper almindeligt mel (all-purpose)

100 g/4 oz/½ kop sødt brun farin

10 ml / 2 tsk bagepulver

2,5 ml/½ tsk salt

1 æg, let pisket

175 ml/6 fl oz/¾ kop mælk

120 ml/4 oz/½ kop olie

200 g/7 oz/1 lille dåse ananas, drænet og hakket

30ml/2 spsk demerara sukker

Bland mel, farin, bagepulver og salt sammen og lav en fordybning i midten. Kombiner alle andre ingredienser undtagen demerara sukker og bland de tørre ingredienser, indtil de er kombineret. Bland ikke for meget. Hæld cupcakesene i smurte papirkopper eller muffinsforme og drys demerarasukker over. Bages i en forvarmet ovn ved 200°C/400°F/termostat 6 i 20 minutter, indtil de er godt hævede og spændstige.

# Hindbær muffins

give 12

225 g/8 oz/2 kopper almindeligt mel (all-purpose)

100 g/4 oz/½ kop granuleret sukker

10 ml / 2 tsk bagepulver

2,5 ml/½ tsk salt

200 g hindbær

1 æg, let pisket

250 ml/8 oz/1 kop mælk

120 ml/4 fl oz/½ kop vegetabilsk olie

Bland mel, sukker, bagepulver og salt. Tilsæt hindbærene og lav en fordybning i midten. Bland æg, mælk og olie og hæld de tørre ingredienser over. Bland forsigtigt, indtil alle tørre ingredienser er inkorporeret, men blandingen stadig er klumpet. Slå ikke for hårdt. Hæld blandingen i muffinforme (papir) eller smurte muffinforme (forme) og bag i den forvarmede ovn ved 200°C/400°F/Termostat 6 i 20 minutter, indtil den er godt sat, luftig og elastisk. .

# Hindbær citronmuffins

give 12

175 g/6 oz/1½ kopper almindeligt mel (all-purpose)

50 g/2 oz/¼ kop granuleret sukker

50 g/2 oz/¼ kop sødt brun farin

10 ml / 2 tsk bagepulver

5 ml/1 tsk stødt kanel

en knivspids salt

1 æg, let pisket

100 g/4 oz/½ kop smør eller margarine, smeltet

120 ml/4 oz/½ kop mælk

100 g/4 oz friske hindbær

10 ml/2 tsk revet citronskal

Til påfyldning:
3 oz/75 g/½ kop pulveriseret (konditorsukker), sigtet

15 ml / 1 spsk citronsaft

Kom mel, perlesukker, farin, bagepulver, kanel og salt i en skål og lav en fordybning i midten. Tilsæt æg, smør eller margarine og mælk og bland indtil det er blandet. Bland hindbær og citronskal. Hæld i muffinforme (papir) eller smurte muffinforme (forme) og bag i den forvarmede ovn ved 180°C/350°F/termostat 4 i 20 minutter, indtil de er gyldne og fjedrende. Bland melis og citronsaft som topping og hæld over varme muffins.

# *Sultana muffins*

give 12

225 g/8 oz/2 kopper almindeligt mel (all-purpose)

100 g/4 oz/½ kop granuleret sukker

100 g/4 oz/2/3 kop rosiner (gyldne rosiner)

10 ml / 2 tsk bagepulver

5 ml/1 tsk. hakkede krydderier (æblekage)

2,5 ml/½ tsk salt

1 æg, let pisket

250 ml/8 oz/1 kop mælk

120 ml/4 oz/½ kop olie

Bland mel, sukker, rosiner, bagepulver, krydderiblanding og salt og lav en brønd i midten. Bland de resterende ingredienser, indtil de er kombineret. Hæld i smurte (papir)muffinforme eller muffinforme og bag i den forvarmede ovn ved 200°C/400°F/termostat 6 i 20 minutter, indtil de er godt hævede og spændstige.

# Muffins i sirup

give 12

225 g/8 oz/2 kopper almindeligt mel (all-purpose)

100 g/4 oz/½ kop sødt brun farin

10 ml / 2 tsk bagepulver

2,5 ml/½ tsk salt

1 æg, let pisket

175 ml/6 fl oz/¾ kop mælk

60 ml/4 spsk mørk sirup (melasse)

120 ml/4 oz/½ kop olie

Bland mel, sukker, gær og salt og lav en fordybning i midten. Bland de resterende ingredienser, indtil de er kombineret. Bland ikke for meget. Hæld i smurte (papir)muffinforme eller muffinforme og bag i den forvarmede ovn ved 200°C/400°F/termostat 6 i 20 minutter, indtil de er godt hævede og spændstige.

# *Havregryn sirup muffins*

Giv det 10

100 g/4 oz/1 kop almindeligt mel (all-purpose)

175 g/6 oz/1½ kopper havregryn

100 g/4 oz/½ kop sødt brun farin

15 ml/1 spsk bagepulver

5 ml/1 tsk stødt kanel

2,5 ml/½ tsk salt

1 æg, let pisket

120 ml/4 oz/½ kop mælk

60 ml/4 spsk mørk sirup (melasse)

75 ml/5 spsk olie

Bland mel, havre, sukker, bagepulver, kanel og salt og lav en fordybning i midten. Bland resten af ingredienserne, og bland dem derefter i de tørre ingredienser, indtil de er blandet. Bland ikke for meget. Hæld i smurte (papir) muffinforme eller muffinforme og bag i den forvarmede ovn ved 200°C/400°F/termostat 6 i 15 minutter, indtil de er godt hævede og spændstige.

# *havregryn toast*

give 8

225 g/8 oz/2 kopper havre

100 g/4 oz/1 kop fuldkornshvedemel

5 ml/1 tsk salt

5 ml/1 tsk bagepulver

50 g/2 oz/¼ kop spæk (forkortet)

30ml/2 spsk koldt vand

Bland de tørre ingredienser sammen og gnid dem derefter i svinefedtet, indtil blandingen minder om brødkrummer. Tilsæt nok vand til at lave en fast dej. På en let meldrysset arbejdsflade rulles 7/18 cm skiver ud og skæres i otte skiver. Læg på en smurt bageplade og bag i en forvarmet ovn ved 180°C/350°F/termostat 4 i 25 minutter. Server med smør, marmelade eller marmelade.

## *jordbæromelet*

give 18

5 æggeblommer

75 g/3 oz/1/3 kop granuleret sukker

en knivspids salt

Skal af ½ citron

4 æggehvider

40 g/1½ oz/1/3 kop majsstivelse

1½ oz/40 g/1/3 kop almindeligt mel (all-purpose)

40 g/1½ oz/3 spsk smør eller margarine, smeltet

300 ml/½ pt/1¼ kop piskefløde

225 g/8 oz jordbær

Pulversukker (konfekture), sigtet, til drys

Pisk æggeblommerne med 25 g flormelis, til de er blege og tykke, og tilsæt salt og citronskal. Pisk æggehviderne stive, tilsæt resten af flormelissen og fortsæt med at piske til de er faste og blanke. Tilsæt æggeblommerne, derefter majsmel og mel. Tilsæt det smeltede smør eller margarine. Overfør blandingen til en sprøjtepose udstyret med en 1 cm flad spids og rør ud i 6/15 cm cirkler på en smurt og foret bageplade. Bages i en forvarmet ovn ved 220°C/425°F/termostat 7 i 10 minutter, indtil de er farvet, men ikke brunede. Lad afkøle.

Pisk den søde fløde stiv. Fordel et tyndt lag over halvdelen af hver cirkel, top med jordbær og afslut med mere creme. Fold toppen af "omelet." Smag til med flormelis og server.

## *Myntekager*

give 12

100 g/4 oz/½ kop smør eller margarine, blødgjort

100 g/4 oz/½ kop granuleret sukker

2 æg, let pisket

75 g/3 oz/¾ kop selvhævende mel (hævet)

10 ml/2 tsk kakaopulver (usødet chokolade).

en knivspids salt

8 oz/11/3 kopper/225 g pulveriseret (konditorsukker), sigtet

30 ml/2 spsk vand

Et par dråber grøn madfarve

Et par dråber mynteessens (ekstrakt)

Chokolademandler, skåret i halve til pynt

Pisk smør eller margarine og sukker let og luftigt og bland gradvist æggene i. Bland mel, kakao og salt. Hæld i smurte brødforme (kødforme) og bag dem i en forvarmet ovn ved 200°C/400°F/termostat 6 i 10 minutter, indtil de er spændstige. Lad afkøle.

Sigt flormelis i en skål og bland med 15 ml/1 spsk vand, tilsæt madfarve og pebermynteolie efter smag. Tilsæt eventuelt vand til en konsistens, der dækker bagsiden af en ske. Kagerne smøres med glasur og pyntes med chokolade og myntestykker.

# rosinkager

give 12

175 g/6 oz/1 kop rosiner

250 ml / 8 fl oz / 1 kop vand

5 ml/1 tsk bagepulver (bagepulver)

100 g/4 oz/½ kop smør eller margarine, blødgjort

100 g/4 oz/½ kop sødt brun farin

1 sammenpisket æg

5 ml/1 tsk vaniljeessens (ekstrakt)

200 g/7 oz/1¾ kopper almindeligt mel (all-purpose)

5 ml/1 tsk bagepulver

en knivspids salt

Kog rosiner, vand og natron i en gryde og kog ved svag varme i 3 minutter. Lad afkøle til manuel temperatur. Pisk smør eller margarine og sukker let og luftigt. Tilsæt æg og vaniljesmag. Tilsæt rosinblandingen, derefter mel, bagepulver og salt. Hæld blandingen i muffinforme (papir) eller smurte muffinforme (forme) og bag i den forvarmede ovn ved 180°C/350°F/termostat 4 i 12-15 minutter, indtil de er godt hævede og gyldne.

# *Rosin krøller*

give 24

225 g/8 oz/2 kopper almindeligt mel (all-purpose)

En knivspids hakkede krydderier (æblekage)

5 ml/1 tsk bagepulver (bagepulver)

225 g/8 oz/1 kop granuleret sukker

45 ml/3 spsk. Knuste mandler

8 oz/1 kop smør eller margarine, smeltet

45 ml/3 spsk rosiner

1 æg, let pisket

Bland de tørre ingredienser, tilsæt det smeltede smør eller margarine, derefter rosiner og æg. Bland godt, indtil du får en fast pasta. På en let meldrysset overflade rulles ud til en tykkelse på ca. ¼ x 5 mm og skæres i strimler på 5 mm x 20 cm / ¼ x 8 in. Fugt den øverste overflade let med vand og rul hver strimmel fra den kortere ende. Læg dem på en smurt bageplade og bag i en forvarmet ovn ved 200°C/400°F/termostat 6 i 15 minutter, indtil de er gyldenbrune.

# *hindbærboller*

Giver 12 boller

225 g/8 oz/2 kopper almindeligt mel (all-purpose)

7,5 ml/½ spsk bagepulver

2,5 ml/½ tsk. hakkede krydderier (æblekage)

en knivspids salt

75 g/3 oz/1/3 kop smør eller margarine

75 g/3 oz/1/3 kop granuleret sukker, plus mere til dypning

1 æg

60 ml/4 spsk mælk

60 ml/4 spsk hindbærsyltetøj (gemt)

Bland mel, bagepulver, krydderier og salt og ælt med smør eller margarine, indtil blandingen minder om brødkrummer. Bland sukkeret. Bland nok æg og mælk til at lave en fast dej. Del i 12 kugler og læg dem på en smurt bageplade. Lav et hul i midten af hver enkelt med fingeren og hæld noget hindbærsyltetøj i. Pensl med mælk og drys med flormelis. Bages i en forvarmet ovn ved 220°C/425°F/termostat 7 i 10-15 minutter, indtil de er gyldenbrune. Dæk eventuelt med lidt marmelade.

## Brune ris og solsikkepandekager

give 12

75 g/3 oz/¾ kop kogte brune ris

50 g/2 oz/½ kop solsikkefrø

25 g/1 oz/¼ kop sesamfrø

40 g/1½ oz/¼ kop rosiner

1½ oz/40 g/¼ kop glaserede kirsebær (kandiserede) i kvarte

25 g/1 oz/2 spsk sødt brun farin

15 ml / 1 spsk lys honning

75 g/3 oz/1/3 kop smør eller margarine

5 ml/1 tsk citronsaft

Ris, frø og frugter blandes. Smelt sukker, honning, smør eller margarine og citronsaft og rør i risblandingen. Fordel mellem 12 kageforme og bag i en forvarmet ovn ved 200°C/400°F/Termostat 6 i 15 minutter.

# kage med tørret frugt

give 12

225 g/8 oz/2 kopper almindeligt mel (all-purpose)

en knivspids salt

10 ml / 2 tsk bagepulver

2 oz/¼ kop/50 g smør eller margarine

50 g/2 oz/¼ kop spæk (forkortet)

2/3 kop/100 g tørret frugt (frugtkagemix)

100 g/4 oz/½ kop demerara sukker

Skal af ½ citron

1 æg

15-30 ml/1-2 spsk mælk

Bland mel, salt og bagepulver og tilsæt smør eller margarine og spæk, indtil blandingen minder om brødkrummer. Bland frugt, sukker og citronskal. Pisk ægget med 15ml/1 spsk mælk, tilsæt de tørre ingredienser og bland til du har en fast dej, tilsæt mere mælk hvis det er nødvendigt. Læg små bunker af blandingen på en smurt bageplade og bag i en forvarmet ovn ved 200°C/400°F/termostat 6 i 15-20 minutter, indtil den er gyldenbrun.

## *Sukkerfri stenpandekager*

give 12

75 g/3 oz/1/3 kop smør eller margarine

175 g/6 oz/1¼ kopper fuldkornshvedemel

50 g/2 oz/½ kop havregryn

10 ml / 2 tsk bagepulver

5 ml/1 tsk stødt kanel

100 g/4 oz/2/3 kop rosiner (gyldne rosiner)

skal af 1 citron

1 æg, let pisket

90 ml/6 spsk mælk

Ælt smør eller margarine med mel, bagepulver og kanel, indtil blandingen minder om brødkrummer. Tilsæt rosiner og citronskal. Tilsæt ægget og nok mælk til at lave en jævn blanding. Kom skefulde på en smurt bageplade og bag i den forvarmede ovn ved 200°C/400°F/termostat 6 i 15-20 minutter, indtil de er gyldenbrune.

# Safran pandekager

give 12

En knivspids formalet safran

75 ml/5 spsk kogende vand

75 ml/5 spsk koldt vand

100 g/4 oz/½ kop smør eller margarine, blødgjort

225 g/8 oz/1 kop granuleret sukker

2 æg, let pisket

225 g/8 oz/2 kopper almindeligt mel (all-purpose)

10 ml / 2 tsk bagepulver

2,5 ml/½ tsk salt

175 g/6 oz/1 kop rosiner (gyldne rosiner)

175 g/6 oz/1 kop hakket blandet skræl (kandiseret)

Udblød safranen i kogende vand i 30 minutter og tilsæt derefter koldt vand. Pisk smør eller margarine og sukker let og luftigt og bland gradvist æggene i. Sigt melet med bagepulver og salt, og tilsæt derefter ½ kop/2 oz/50 g af melblandingen til rosinerne og den blandede dej. Tilsæt melet til flødeskummet skiftevis med safranvandet, og tilsæt derefter frugten. Hæld i smurte og meldryssede (papir) muffinforme eller muffinforme og bag i den forvarmede ovn ved 190°C/375°F/termostat 5 i ca. 15 minutter, indtil overfladen er fjedrende.

# *Boghvede med rom*

give 8

100 g/4 oz/1 kop universal (brød) mel

5 ml/1 tsk tørgær blandes forsigtigt

en knivspids salt

45 ml/3 spsk varm mælk

2 æg, let pisket

2 oz/¼ kop/50 g smør eller margarine, smeltet

25 g / 1 oz / 3 spsk rosiner

Til siruppen:

250 ml / 8 fl oz / 1 kop vand

75 g/3 oz/1/3 kop granuleret sukker

20 ml/4 teskefulde citronsaft

60 ml/4 spsk rom

For at skygge og dekorere:

60 ml/4 spsk abrikosmarmelade (på dåse), siet

15 ml/1 spsk vand

¼ pt/2/3 kop/150 ml piskefløde eller dobbelt creme (tung)

4 glaserede kirsebær (kandiserede), skåret i halve

Nogle angelica skiver skåret i trekanter

Bland mel, bagepulver og salt i en skål og lav en fordybning i midten. Bland mælk, æg og smør eller margarine og pisk melet, indtil du får en jævn pasta. Bland ribsene. Hæld dejen i otte separate smurte og meldryssede rundforme (rørforme), så den kun er en tredjedel af formene. Dæk med smurt madfilm (plastikfilm) og lad stå et lunt sted i 30 minutter, indtil dejen hæver sig over formene. Bages i en forvarmet ovn ved

200°C/400°F/termostat 6 i 15 minutter, indtil de er gyldenbrune. Vend formene og lad dem køle af i 10 minutter, fjern derefter kagerne fra formene og læg dem på en stor flad tallerken. Prik dem alle sammen med en gaffel.

For at lave siruppen skal du varme vandet, sukkeret og citronsaften op ved lav varme under omrøring, indtil sukkeret er opløst. Øg varmen og bring det i kog. Fjern fra varmen og tilsæt rom. Hæld den varme sirup over kagerne og lad dem trække i 40 minutter.

Varm marmelade og vand op ved svag varme, indtil det er godt blandet. Fordel slimet ovenpå og læg på et serveringsfad. Pisk fløden og læg den i midten af hver kage. Pynt med kirsebær og angelica.

# *Kagekugle pandekager*

give 24

5 æggeblommer

75 g/3 oz/1/3 kop granuleret sukker

7 æggehvider

75 g/3 oz/¾ kop majsstivelse

50 g/2 oz/½ kop almindeligt mel (all-purpose)

Pisk æggeblommerne med 15 ml/1 spsk sukker, indtil de er glatte og tykke. Pisk æggehviderne stive og tilsæt det resterende sukker, til de er tykke og blanke. Tilsæt majsmel med en metalske. Brug en metalske til at folde halvdelen af blommerne i æggehviderne og tilsæt resten af blommerne. Tilsæt forsigtigt melet. Overfør blandingen til en sprøjtepose udstyret med en standard 2,5 cm/1 spids (spids), og læg bøfferne med god afstand på en smurt og foret bageplade. Bages i en forvarmet ovn ved 200°C/400°F/termostat 6 i 5 minutter, og reducer derefter ovntemperaturen til 180°C/350°F/termostat 4 i yderligere 10 minutter, indtil den er gylden og fjedrende. kontakt.

# Chokolade cookies

give 12

5 æggeblommer

75 g/3 oz/1/3 kop granuleret sukker

7 æggehvider

75 g/3 oz/¾ kop majsstivelse

50 g/2 oz/½ kop almindeligt mel (all-purpose)

60 ml/4 spsk abrikosmarmelade (på dåse), siet

30 ml/2 spsk vand

1 mængde kogt chokoladeglasur

¼ tsk/150 ml/2/3 kopper piskefløde

Pisk blommerne med 15 ml/1 spsk sukker, indtil der dannes lyse toppe. Pisk æggehviderne stive og tilsæt det resterende sukker, til de er tykke og blanke. Tilsæt majsmel med en metalske. Brug en metalske til at folde halvdelen af blommerne i æggehviderne og tilsæt resten af blommerne. Tilsæt forsigtigt melet. Overfør blandingen til en sprøjtepose udstyret med en standard 2,5 cm/1 spids (spids), og læg bøfferne med god afstand på en smurt og foret bageplade. Bages i en forvarmet ovn ved 200°C/400°F/termostat 6 i 5 minutter, og reducer derefter ovntemperaturen til 180°C/350°F/termostat 4 i yderligere 10 minutter, indtil den er gylden og fjedrende. kontakt. Overfør til netværket.

Kog marmelade og vand, indtil det er tyknet og godt blandet, og pensl derefter toppen af kagerne. Lad afkøle. Dyp svampene i chokoladeglasuren og lad dem køle af. Pisk fløden stiv, og bland derefter kiksene med fløden.

## *sommer snebolde*

give 24

100 g/4 oz/½ kop smør eller margarine, blødgjort

100 g/4 oz/½ kop granuleret sukker

5 ml/1 tsk vaniljeessens (ekstrakt)

2 æg, let pisket

225 g/8 oz/2 kopper selvhævende mel (hævet)

120 ml/4 oz/½ kop mælk

120 ml / 4 fl oz / ½ kop dobbelt creme (tung)

25 g/1 oz/3 spsk. pulveriseret sukker (konfekture), sigtet

60 ml/4 spsk abrikosmarmelade (på dåse), siet

30 ml/2 spsk vand

150 g/5 oz/1¼ kopper tørret kokosnød (revet)

Pisk smør eller margarine og sukker let og luftigt. Tilsæt gradvist vaniljeessens og æg, derefter melet skiftevis med mælken. Hæld blandingen i smurte muffinsforme og bag i den forvarmede ovn ved 180°C/350°F/termostat 4 i 15 minutter indtil den er godt hævet og spændstig. Overfør til en rist til afkøling. Skær toppen af muffinsene.

Pisk den søde fløde og flormelis stiv, hæld derefter lidt over hver muffin og læg låg på igen. Varm marmeladen op med vand, indtil den er blandet, fordel derefter over muffinsene og drys rigeligt med kokos.

## *svampedråber*

give 12

3 sammenpisket æg

100 g/4 oz/½ kop granuleret sukker

2,5 ml/½ tsk vaniljeessens (ekstrakt)

100 g/4 oz/1 kop almindeligt mel (all-purpose)

5 ml/1 tsk bagepulver

100 g/4 oz/1/3 kop hindbærsyltetøj (på dåse)

¼ pt/2/3 kop/150 ml dobbelt creme (tung), pisket

Pulversukker (konfekture), sigtet, til drys

Læg æg, flormelis og vaniljesukker i en varmefast skål over en gryde med kogende vand og pisk, indtil blandingen tykner. Tag skålen af panden og tilsæt mel og bagepulver. Læg små skefulde af blandingen på en smurt bageplade og bag i den forvarmede ovn ved 190°C/375°F/termostat 5 i 10 minutter, indtil den er gyldenbrun. Overfør til en rist og lad afkøle. Bland dråberne med marmelade og fløde og drys med flormelis inden servering.

## *basis marengs*

Transaktion 6.-8

2 æggehvider

100 g/4 oz/½ kop granuleret sukker

Pisk æggehviderne i en ren, fedtfri skål, indtil de begynder at danne bløde toppe. Tilsæt halvdelen af sukkeret og fortsæt med at piske indtil dejen når en fast konsistens. Rør forsigtigt det resterende sukker i med en metalske. Beklæd en bageplade med bagepapir og fordel 6 til 8 marengsblomster på den. Tør marengsen i ovnen ved den lavest mulige temperatur i 2 til 3 timer. Lad afkøle på en rist.

# *mandel marengs*

give 12

2 æggehvider

100 g/4 oz/½ pulveriseret sukker

100 g/4 oz/1 kop malede mandler

Et par dråber mandelessens (ekstrakt)

12 halve mandel til at pynte

Pisk æggehviderne, indtil der dannes stive toppe. Tilsæt halvdelen af sukkeret og fortsæt med at piske indtil blandingen danner stive toppe. Tilsæt det resterende sukker, malede mandler og mandelessens. Del blandingen i 12 cirkler på en smurt, beklædt bageplade og læg en halv mandel på hver. Bages i en forvarmet ovn ved 130°C/250°F/termostat ½ i 2-3 timer, indtil de er sprøde.

# Spanske mandelmarengs cookies

Dag 16

225 g/8 oz/1 kop granuleret sukker

225 g/8 oz/2 kopper malede mandler

1 æggehvide

100 g/4 oz/1 kop hele mandler

Pisk sukker, malede mandler og æggehvide til du får en blød dej. Form en kugle og flad dejen ved at rulle. Skær i små cirkler og læg dem på en smurt bageplade. Tryk en hel mandel ind i midten af hver småkage. Bages i en forvarmet ovn ved 160°C/325°F/termostat 3 i 15 minutter.

# Bagte Marengskurve

give 6

4 æggehvider

225-250 g/8-9 oz/11/3-1½ kopper flormelis, sigtet

Et par dråber vaniljeessens (ekstrakt)

Pisk æggehviderne luftige i en ren, fedtfri, varmefast skål og pisk derefter konditorens sukker og vaniljesukker gradvist i. Stil skålen over en gryde med kogende vand og pisk, indtil marengsen holder formen og efterlader et tykt spor, når piskeriset løftes. Beklæd en bageplade med bagepapir og tegn seks 7,5 cm/3 cirkler på papiret. Hæld halvdelen af marengsblandingen på hver cirkel. Læg resten i en sprøjtepose og rør to lag marengs rundt om kanten af hver bund. Tør i en forvarmet ovn ved 150°C/300°F/termostat 2 i ca. 45 minutter.

# mandelflager

Giv det 10

2 æggehvider

100 g/4 oz/½ kop granuleret sukker

75 g/3 oz/¾ kop malede mandler

25 g/1 oz/2 spsk smør eller margarine, blødgjort

2 oz/1/3 kop (bagværk) 50 g pulveriseret sukker, sigtet

10 ml/2 tsk kakaopulver (usødet chokolade).

2 oz/50 g/½ kop naturlig chokolade (halvsød), smeltet

Pisk æggehviderne, indtil der dannes stive toppe. Tilsæt pulveriseret sukker gradvist. Tilsæt de malede mandler. Brug en ½/1 cm dyse og sprøjt blandingen til en længde på 2/5 cm på en let smurt bageplade. Bages i en forvarmet ovn ved 140°C/termostat 1 i 1h30 til 1h30. Lad afkøle.

Pisk smør eller margarine, flormelis og kakao. Sandwich med kiks (småkager) med fyld. Smelt chokoladen i en varmefast skål over kogende vand. Dyp enderne af marengsen i chokoladen og lad den køle af på en rist.

## Spansk mandel- og citronmarengs

Giv det 30

150 g / 5 oz / 1¼ kopper blancherede mandler

2 æggehvider

Skal af ½ citron

200 g/7 oz/ kun 1 kop granuleret sukker

10 ml/2 tsk citronsaft

Rist mandlerne i ovnen forvarmet til 150°C/300°F/termostat 2 i ca. 30 minutter, indtil de er gyldne og duftende. Hak en tredjedel af valnødderne og hak resten fint.

Pisk æggehviderne, indtil der dannes stive toppe. Tilsæt citronskal og to tredjedele af sukkeret. Tilsæt citronsaften og pisk til den er stiv og blank. Tilsæt resten af sukkeret og de malede mandler. Tilsæt de hakkede mandler. Læg marengsdukkerne på en smurt, foliebeklædt bageplade og sæt dem i den forvarmede ovn. Reducer øjeblikkeligt ovntemperaturen til 110°C/225°F/termostat ¼ og kog i ca. 1 time og 30 m, indtil den er tør.

# *Chokoladedækkede marengs*

give 4

2 æggehvider

100 g/4 oz/½ kop granuleret sukker

100 g/4 oz/1 kop naturlig chokolade (halvsød)

¼ pt/2/3 kop/150 ml dobbelt creme (tung), pisket

Pisk æggehviderne i en ren, fedtfri skål, indtil de begynder at danne bløde toppe. Tilsæt halvdelen af sukkeret og fortsæt med at piske indtil dejen når en fast konsistens. Rør forsigtigt det resterende sukker i med en metalske. Beklæd en bageplade med bagepapir og læg otte marengs på den. Tør marengsen i ovnen ved den lavest mulige temperatur i 2 til 3 timer. Lad afkøle på en rist.

Smelt chokoladen i en varmefast skål sat over kogende vand. Afkøl let. Dyp forsigtigt de fire marengs i chokoladen for at dække de ydre overflader. Lad det sidde på bagepapir (vokset) til det stivner. Fordel cremen over den chokoladeovertrukne marengs og den naturlige marengs og gentag med de resterende marengs.

## Chokolade og mynte marengs

give 18

3 æggehvider

100 g/4 oz/½ kop granuleret sukker

3 oz/75 g/¾ kop hakket chokoladeovertrukket mynte

Pisk æggehviderne, indtil der dannes stive toppe. Tilsæt gradvist sukkeret, indtil æggehviderne er faste og blanke. Tilsæt den hakkede mynte. Læg små skefulde af blandingen på en foret og smurt bageplade og bag i en forvarmet ovn ved 140°C/275°F/termostat 1 i 1 1½ time, indtil den er tør.

## Chokoladechips og valnøddemarengs

give 12

2 æggehvider

175 g/6 oz/¾ kop granuleret sukker

50 g/2 oz/½ kop chokoladechips

1 ounce/¼ kop valnødder, hakket

Forvarm ovnen til 190°C/375°F/termostat 5. Pisk æggehviderne, indtil der dannes bløde toppe. Tilsæt gradvist sukkeret og pisk, indtil der dannes et fast skum. Tilsæt chokoladechips og valnødder. Kom skefulde af blandingen på en smurt bageplade og sæt i ovnen. Sluk for ovnen og lad den køle af.

# *hasselnøddemarengs*

give 12

100 g/4 oz/1 kop hasselnødder

2 æggehvider

100 g/4 oz/½ kop granuleret sukker

Et par dråber vaniljeessens (ekstrakt)

Reserver 12 valnødder til pynt og hak resten. Pisk æggehviderne, indtil der dannes stive toppe. Tilsæt halvdelen af sukkeret og fortsæt med at piske indtil blandingen danner stive toppe. Tilsæt det resterende sukker, knuste hasselnødder og vaniljeessens. Fordel blandingen i 12 runder på en smurt, foret bageplade og top hver med den reserverede pecan. Bages i en forvarmet ovn ved 130°C/250°F/termostat ½ i 2-3 timer, indtil de er sprøde.

# Pecan Marengs Lagkage

23 cm/9 for kagen

Til kagen:

2 oz/¼ kop/50 g smør eller margarine, blødgjort

150 g/5 oz/2/3 kop granuleret sukker

4 æg, adskilt

100 g/4 oz/1 kop almindeligt mel (all-purpose)

10 ml / 2 tsk bagepulver

en knivspids salt

60 ml/4 spsk mælk

5 ml/1 tsk vaniljeessens (ekstrakt)

2 oz/½ kop/50 g pekannødder, hakket

Til konditorcremen:

250 ml/8 oz/1 kop mælk

50 g/2 oz/¼ kop granuleret sukker

50 g/2 oz/½ kop almindeligt mel (all-purpose)

1 æg

en knivspids salt

120 ml / 4 fl oz / ½ kop dobbelt creme (tung)

Pisk kagen med smør eller margarine med ½ kop/100 g sukker, indtil den er lys og luftig. Tilsæt gradvist æggeblommerne og tilsæt mel, bagepulver og salt skiftevis med mælk og vaniljeessens. Hæld i to smurte og forede 9/23 cm kageforme og glat toppene. Pisk æggehviderne stive, tilsæt det resterende sukker og pisk igen til de er stive og blanke. Dæk kageblandingen og drys med valnødder. Bag i en forvarmet ovn ved 150°C/300°F/termostat 3 i 45 minutter, indtil marengsen er tør. Overfør til en rist til afkøling.

Lav en konditorcreme ved at blande lidt mælk med sukker og mel. Bring resten af mælken i kog i en gryde, hæld sukkerblandingen over og pisk til en jævn masse. Hæld mælken tilbage i den skyllede gryde og bring det i kog under konstant omrøring, kog derefter under omrøring, indtil den er tyknet. Tag af varmen og tilsæt æg og salt og lad køle lidt af. Pisk fløden stiv og tilsæt den derefter til blandingen. Lad afkøle. Fordel konditorcremen på kagerne.

## Skiver af makaroni med hasselnødder

give 20

175 g/6 oz/1½ kop afskallede hasselnødder

3 æggehvider

225 g/8 oz/1 kop granuleret sukker

5 ml/1 tsk vaniljeessens (ekstrakt)

5 ml/1 tsk stødt kanel

5 ml/1 tsk revet citronskal

rispapir

Hak 12 hasselnødder groft og hak resten fint. Pisk æggehviderne let og luftigt. Tilsæt gradvist sukker og fortsæt med at piske, indtil der dannes et stift skum. Tilsæt hasselnødder, vaniljeessens, kanel og citronskal. Kom teskefulde på en bageplade beklædt med rispapir og flad i tynde strimler. Lad trække i 1 time. Bages i en forvarmet ovn ved 180°C/termostat 4 i 12 minutter, indtil de er faste.

# Marengs og valnøddelag

25 cm/10 for kagen

100 g/4 oz/½ kop smør eller margarine, blødgjort

400 g/14 oz/1¾ kop granuleret sukker

3 æggeblommer

100 g/4 oz/1 kop almindeligt mel (all-purpose)

10 ml / 2 tsk bagepulver

120 ml/4 oz/½ kop mælk

100 g/4 oz/1 kop valnødder

4 æggehvider

250 ml/8 fl oz/1 kop dobbelt creme (tung).

5 ml/1 tsk vaniljeessens (ekstrakt)

Kakaopulver (usødet chokolade) til aftørring

Pisk smør eller margarine og 3 oz/¾ kop/75 g sukker, indtil det er lyst og luftigt. Tilsæt gradvist æggeblommerne og tilsæt mel og gær skiftevis med mælken. Hæld dejen i to smurte og meldryssede 10/25 cm kageforme. Reservér et par valnøddehalvdele til pynt, hak resten fint og drys over kagerne. Pisk æggehviderne stive, tilsæt det resterende sukker og pisk igen til det er tykt og blankt. Fordel på kagerne og bag dem i en forvarmet ovn ved 180°C/350°F/termostat 4 i 25 minutter. I slutningen af tilberedningen dækkes kagen med bagepapir (vokset), hvis marengsen begynder at brune. en masse.

Pisk fløde og creme til lys. Fordel kagerne med marengsen halvt, halvdelen af fløden og fordel resten. Pynt med de reserverede nødder og drys med sigtet kakao.

# marengsbjerge

give 6

2 æggehvider

100 g/4 oz/½ kop granuleret sukker

¼ pt/2/3 kop/150 ml dobbelt creme (tung)

350 g/12 oz jordbær, skåret i skiver

25 g/1 oz/¼ kop naturlig chokolade (halvsød), revet

Pisk æggehviderne, indtil der dannes stive toppe. Tilsæt halvdelen af sukkeret og pisk til det er tykt og blankt. Tilsæt de resterende sukkerarter. På en bageplade fordeles seks marengscirkler på bagepapir. Bages i en forvarmet ovn ved 140°C/275°F/termostat 1 i 45 minutter, indtil de er let gyldne og sprøde. Interiøret er stadig ret blødt. Tag af panden og lad afkøle på en rist.

Pisk den søde fløde stiv. Dryp eller hæld halvdelen af fløden over marengscirklerne, tilsæt frugten og pynt derefter med resten af cremen. Drys revet chokolade på toppen.

# *Hindbærmarengscreme*

Tilbud 6

2 æggehvider

100 g/4 oz/½ kop granuleret sukker

¼ pt/2/3 kop/150 ml dobbelt creme (tung)

30 ml/2 spsk (konditorer) pulveriseret sukker

225 g hindbær

Pisk æggehviderne i en ren, fedtfri skål, indtil de begynder at danne bløde toppe. Tilsæt halvdelen af sukkeret og fortsæt med at piske indtil dejen når en fast konsistens. Tilsæt forsigtigt resten af sukkeret med en metalske. Beklæd en bageplade med bagepapir og læg marengsen ovenpå. Tør marengsen i ovnen ved lavest mulig temperatur i 2 timer. Lad afkøle på en rist.

Pisk den søde fløde med flormelis til den er fast og tilsæt hindbærene. Brug den til at arrangere marengserne i par og læg dem på et serveringsfad.

# *Ratafia pandekager*

Dag 16

3 æggehvider

100 g/4 oz/1 kop malede mandler

225 g/8 oz/1 kop granuleret sukker

Pisk æggehviderne, indtil der dannes stive toppe. Tilsæt mandlerne og halvdelen af sukkeret og pisk igen til det er stift. Tilsæt de resterende sukkerarter. Læg de små cirkler på en smurt og beklædt bageplade og bag dem i den forvarmede ovn ved 150°C/termostat 2 i 50 minutter, til kanterne er tørre og sprøde.

# *vacherin slik*

23 cm/9 for kagen

4 æggehvider

225 g/8 oz/1 kop sødt brun farin

50 g hakkede hasselnødder

½ pt/1¼ kopper/300ml dobbelt creme (tung)

Et par hele hasselnødder til pynt

Pisk æggehviderne til de er stive. Tilsæt gradvist sukker, indtil det er fast og blankt. Læg marengsen i en kagepose udstyret med en standard 1/2 cm spids (spids) og læg to 9 cm/23 cm marengslag ud på en smurt og foret bageplade. Drys med 15 ml/1 spsk hakkede valnødder og bag dem i en forvarmet ovn ved 120°C/250°F/termostat ½ i 2 timer, indtil de er sprøde. Overfør til en rist til afkøling.

Pisk den søde fløde stiv og tilsæt resten af valnødderne. Brug det meste af cremen til at fordele marengscirklerne, pynt derefter med resten af cremen og drys med hele hasselnødder.

# *Bare boller*

Giv det 10

225 g/8 oz/2 kopper almindeligt mel (all-purpose)

en knivspids salt

2,5 ml/½ teskefuld bagepulver (bagepulver)

5 ml/1 tsk tandsten

2 oz/50 g/¼ kop smør eller margarine, i tern

30 ml/2 spsk mælk

30 ml/2 spsk vand

Bland mel, salt, natron og vinsten. Smør med smør eller margarine. Tilsæt gradvist mælk og vand, indtil du får en blød dej. Ælt hurtigt på en meldrysset overflade, indtil den er glat, rul derefter ud til 1 cm/½ tykkelse og brug en kiksefræser til at skære i 2 5 cm/2 runde. Læg bollerne (kiks) på en smurt bageplade og bag dem i en forvarmet ovn ved 230°C/450°F/termostat 8 i ca. 10 minutter, indtil de er godt hævede og gyldne.

# Lækre æggescones

give 12

2 oz/¼ kop/50 g smør eller margarine

225 g/8 oz/2 kopper selvhævende mel (hævet)

10 ml / 2 tsk bagepulver

25 g / 1 oz / 2 spsk granuleret sukker

1 æg, let pisket

100 ml/3½ fl oz/6½ spsk mælk

Gnid smørret eller margarinen ind i mel og bagepulver. Bland sukkeret. Bland æg og mælk, indtil du får en blød dej. Ælt på en let meldrysset overflade, rul derefter ud til ca. ½/1 cm tykkelse og skær i 2/5 cm cirkler med en udstikker. Rul clipsene og klip dem ud. Læg bollerne (kiks) på en smurt bageplade og bag dem i en forvarmet ovn ved 230°C/450°F/Termostat 8 i 10 minutter eller indtil de er gyldenbrune.

# *æbleboller*

give 12

225 g/8 oz/2 kopper fuldkornshvedemel

20 ml/1½ spsk bagepulver

en knivspids salt

2 oz/¼ kop/50 g smør eller margarine

30 ml/2 spsk. revet kogeæble

1 sammenpisket æg

150 ml/¼ pt/2/3 kopper mælk

Bland mel, bagepulver og salt. Gnid smør eller margarine i og tilsæt derefter æblet. Tilsæt gradvist nok æg og mælk til at lave en blød dej. På en let meldrysset overflade rulles ud til en tykkelse på ca. 5 cm/2 og skæres i runde stykker med en udstikker. Læg bollerne (kiks) i et smurt ovnfad og pensl med det resterende æg. Bages i en forvarmet ovn ved 200°C/400°F/termostat 6 i 12 minutter, indtil de er let gyldne.

# Æble- og kokosbrød

give 12

2 oz/¼ kop/50 g smør eller margarine

225 g/8 oz/2 kopper selvhævende mel (hævet)

25 g / 1 oz / 2 spsk granuleret sukker

30 ml/2 spsk revet kokosnød (revet)

1 spiseæble (dessert), skrællet, udkernet og hakket

¼ pt/2/3 kop/150 ml almindelig yoghurt

30 ml/2 spsk mælk

Gnid smørret eller margarinen ind i melet. Tilsæt sukker, kokos og æble og tilsæt yoghurten til en blød dej, tilsæt evt lidt mælk. På en let meldrysset overflade rulles ud til en tykkelse på ca. 2,5 cm/1 og skæres skiver ud med en kageudstikker. Læg bollerne (kiks) på en smurt bageplade og bag dem i en forvarmet ovn ved 220°C/425°F/termostat 7 i 10-15 minutter, indtil de er godt hævede og gyldne.

# Æble- og dadelbrød

give 12

2 oz/¼ kop/50 g smør eller margarine

225 g/8 oz/2 kopper almindeligt mel (all-purpose)

5 ml/1 tsk. teskefuld krydderiblanding (æblekage)

5 ml/1 tsk tandsten

2,5 ml/½ teskefuld bagepulver (bagepulver)

25 g/1 oz/2 spsk sødt brun farin

1 lille hårdkogt æg (kage), pillet, udkernet og hakket

2 ounce/1/3 kop udstenede dadler (udstenede), hakket

45 ml/3 spsk mælk

Gnid smørret eller margarinen ind i melet, krydderiblandingen, fløden med tatar og natron. Bland sukker, æble og dadler, tilsæt derefter mælken og bland indtil du får en jævn dej. Ælt let, rul derefter ud på en meldrysset overflade til en tykkelse på 2,5 cm/1 og skær skiver ud med en kageudstikker. Læg bollerne (kiks) på en smurt bageplade og bag dem i en forvarmet ovn ved 220°C/425°F/termostat 7 i 12 minutter, indtil de er hævede og gyldne.

## stykker byg

give 12

175 g/6 oz/1½ kopper bygmel

50 g/2 oz/½ kop almindeligt mel (all-purpose)

en knivspids salt

2,5 ml/½ teskefuld bagepulver (bagepulver)

2,5 ml/½ tsk tandsten

25 g/1 oz/2 spsk smør eller margarine

25 g/1 oz/2 spsk sødt brun farin

100 ml/3½ fl oz/6½ spsk mælk

Æggeblomme til glasuren

Bland mel, salt, natron og vinsten. Gnid smør eller margarine i, indtil blandingen ligner brødkrummer, tilsæt derefter sukker og nok mælk til at lave en blød dej. På en let meldrysset overflade rulles ud til en tykkelse på 2 cm/¾ og skæres skiver med en kageudstikker. Læg bollerne (kiks) i et smurt ovnfad og pensl med æggeblomme. Bages i en forvarmet ovn ved 220°C/425°F/termostat 7 i 10 minutter, indtil de er gyldenbrune.

# *Daddelboller*

give 12

225 g/8 oz/2 kopper fuldkornshvedemel

2,5 ml/½ teskefuld bagepulver (bagepulver)

2,5 ml/½ tsk tandsten

2,5 ml/½ tsk salt

40 g/1½ oz/3 spsk smør eller margarine

15 ml / 1 spsk fint sukker

2/3 kop/4 oz/100 g udstenede dadler (udstenede), hakket

Cirka 100 ml/3½ fl oz/6½ spiseskefulde kærnemælk

Bland mel, bagepulver, fløde af vinsten og salt. Gnid smør eller margarine i, bland derefter sukker og dadler i og lav en brønd i midten. Tilsæt gradvist nok kærnemælk til at lave en medium blød dej. Fordel det tykt og skær det i trekanter. Læg bollerne (kiks) på en smurt bageplade og bag dem i en forvarmet ovn ved 230°C/450°F/termostat 8 i 20 minutter, indtil de er gyldenbrune.

# *Urteboller*

give 8

175 g/6 oz/¾ kop smør eller margarine

225 g/8 oz/2 kopper universal (brød) mel

15 ml / 1 tsk bagepulver

en knivspids salt

5 ml/1 tsk sødt brun farin

30 ml/2 spsk tørrede krydderurter

60 ml/4 spsk mælk eller vand

Tør mælken med en hårtørrer.

Smør eller margarine æltes med mel, bagepulver og salt til dejen minder om brødkrummer. Bland sukker og krydderurter. Tilsæt nok mælk eller vand til at lave en blød dej. På en let meldrysset overflade rulles ud til en tykkelse på ca. 2 cm/¾ og skæres i runde stykker med en udstikker. Læg bollerne (småkagerne) på en smurt bageplade og pensl overfladen med mælk. Bages i en forvarmet ovn ved 200°C/400°F/termostat 6 i 10 minutter, indtil de er godt hævede og gyldne.

# *müslibrød*

Giver 8 kiler

100 g/4 oz/1 kop müsli

¼ teskefuld / 150 ml / 2/3 kop vand

2 oz/¼ kop/50 g smør eller margarine

100 g/4 oz/1 kop universal (almindeligt) eller fuldkornsmel (fuldkorn)

10 ml / 2 tsk bagepulver

50 g/2 oz/1/3 kop rosiner

1 sammenpisket æg

Læg müslien i blød i vand i 30 minutter. Bland smør eller margarine med mel og bagepulver til dejen minder om brødkrummer, tilsæt rosiner og udblødt müsli og bland indtil du får en blød dej. Lav en 8/20 cm cirkel og flad den ud på en smurt bageplade. Skær delvist i otte stykker og pensl med æg. Bages i en forvarmet ovn ved 230°C/450°F/termostat 8 i ca. 20 minutter, indtil de er gyldenbrune.

# *Appelsinstykker og rosiner*

give 12

2 oz/¼ kop/50 g smør eller margarine

225 g/8 oz/2 kopper almindeligt mel (all-purpose)

2,5 ml/½ teskefuld bagepulver (bagepulver)

100 g/4 oz/2/3 kopper rosiner

5 ml/1 tsk revet appelsinskal

60 ml/4 spsk appelsinjuice

60 ml/4 spsk mælk

Mælk til glasuren

Tilsæt smør eller margarine til mel og natron, og tilsæt derefter rosiner og appelsinskal. Bland appelsinjuice og mælk, indtil du får en jævn pasta. På en let meldrysset overflade rulles ud til en tykkelse på ca. 2,5 cm/1 og skæres skiver ud med en kageudstikker. Læg bollerne (småkagerne) på en smurt bageplade og pensl overfladen med mælk. Bages i en forvarmet ovn ved 200°C/400°F/termostat 6 i 15 minutter, indtil de er let gyldne.

## *pæreboller*

give 12

2 oz/¼ kop/50 g smør eller margarine

225 g/8 oz/2 kopper selvhævende mel (hævet)

25 g / 1 oz / 2 spsk granuleret sukker

1 fast pære, skrællet, udkernet og hakket

¼ pt/2/3 kop/150 ml almindelig yoghurt

30 ml/2 spsk mælk

Gnid smørret eller margarinen ind i melet. Tilsæt sukker og pære, blend derefter yoghurten, indtil du får en jævn pasta, tilsæt eventuelt lidt mælk. På en let meldrysset overflade rulles ud til en tykkelse på ca. 2,5 cm/1 og skæres skiver ud med en kageudstikker. Læg bollerne (kiks) på en smurt bageplade og bag dem i en forvarmet ovn ved 230°C/450°F/termostat 8 i 10-15 minutter, indtil de er godt pustede og gyldne.

# *kartoffelboller*

give 12

2 oz/¼ kop/50 g smør eller margarine

225 g/8 oz/2 kopper selvhævende mel (hævet)

en knivspids salt

175 g/6 oz/¾ kop kogt kartoffelmos

60 ml/4 spsk mælk

Gnid smørret eller margarinen med mel og salt. Tilsæt kartoffelmos og nok mælk til at lave en blød dej. På en let meldrysset overflade rulles ud til en tykkelse på ca. 2,5 cm/1 og skæres skiver ud med en kageudstikker. Læg bollerne (kiks) på en let smurt bageplade og bag dem i en forvarmet ovn ved 200°C/400°F/termostat 6 i 15-20 minutter, indtil de er let gyldne.

# *rosinboller*

give 12

75 g/3 oz/½ kop rosiner

225 g/8 oz/2 kopper almindeligt mel (all-purpose)

2,5 ml/½ tsk salt

15 ml/1 spsk bagepulver

25 g / 1 oz / 2 spsk granuleret sukker

2 oz/¼ kop/50 g smør eller margarine

120 ml/4 fl oz/½ kop tung fløde (let).

1 sammenpisket æg

Udblød rosinerne i varmt vand i 30 minutter og dræn derefter. Bland de tørre ingredienser og gnid med smør eller margarine. Bland fløde og æg, indtil du får en blød dej. Del i tre kugler, rul dem ud til en tykkelse på ca. 1/2 cm og læg dem på en smurt bageplade. Skær hver enkelt i kvarte. Bag bollerne (kiks) i ovnen forvarmet til 230°C/450°F/termostat 8 i ca. 10 minutter, indtil de er gyldenbrune.

# *Melasseboller*

Giv det 10

225 g/8 oz/2 kopper almindeligt mel (all-purpose)

10 ml / 2 tsk bagepulver

2,5 ml/½ tsk stødt kanel

2 oz/50 g/¼ kop smør eller margarine, i tern

25 g / 1 oz / 2 spsk granuleret sukker

30 ml/2 spsk mørk sirup (melasse)

150 ml/¼ pt/2/3 kopper mælk

Bland mel, bagepulver og kanel. Gnid smør eller margarine i, og tilsæt derefter sukker, sirup og nok mælk til at lave en blød dej. Rul ud til en 1/2 cm tyk skive og skær i 2 5 cm skiver med en udstikker. Læg bollerne (kiks) på en smurt bageplade og bag dem i en forvarmet ovn ved 220°C/425°F/termostat 7 i 10-15 minutter, indtil de er godt hævede og gyldne.

# *Melasse og ingefærboller*

give 12

400 g/14 oz/3½ kopper almindeligt mel (all-purpose)

50 g/2 oz/½ kop rismel

5 ml/1 tsk bagepulver (bagepulver)

2,5 ml/½ tsk tandsten

10 ml/2 tsk malet ingefær

2,5 ml/½ tsk salt

10 ml/2 tsk. fint fordelt sukker

2 oz/¼ kop/50 g smør eller margarine

30 ml/2 spsk mørk sirup (melasse)

300 ml/½ pt/1¼ kop mælk

Bland de tørre ingredienser. Gnid smør eller margarine i, indtil blandingen ligner brødkrummer. Tilsæt siruppen og nok mælk til at lave en blød, men ikke klistret dej. Ælt let på en let meldrysset overflade, rul ud og skær i 3 7,5 cm forme. Læg bollerne (småkagerne) på en smurt bageplade og drys med den resterende mælk. Bages i en forvarmet ovn ved 220°C/425°F/termostat 7 i 15 minutter, indtil de er hævede og gyldne.

# *Sultana boller*

give 12

225 g/8 oz/2 kopper almindeligt mel (all-purpose)

en knivspids salt

2,5 ml/½ teskefuld bagepulver (bagepulver)

2,5 ml/½ tsk tandsten

2 oz/¼ kop/50 g smør eller margarine

25 g / 1 oz / 2 spsk granuleret sukker

50 g/2 oz/1/3 kop rosiner (gyldne rosiner)

7,5 ml/½ spsk citronsaft

150 ml/¼ pt/2/3 kopper mælk

Bland mel, salt, sodavand og vinsten. Gnid smør eller margarine i, indtil blandingen ligner brødkrummer. Bland sukker og rosiner. Tilsæt citronsaften til mælken og bland gradvist de tørre ingredienser i, indtil dejen er glat. Ælt forsigtigt, rul derefter ud til en tykkelse på ca. ½/1 cm og skær i 2/5 cm skiver med en udstikker. Læg bollerne (kiks) på en smurt bageplade og bag dem i en forvarmet ovn ved 230°C/450°F/termostat 8 i ca. 10 minutter, indtil de er godt hævede og gyldne.

# Fuldkornsbrød i sirup

give 12

100 g/4 oz/1 kop fuldkornshvedemel

100 g/4 oz/1 kop almindeligt mel (all-purpose)

25 g / 1 oz / 2 spsk granuleret sukker

2,5 ml/½ tsk tandsten

2,5 ml/½ teskefuld bagepulver (bagepulver)

5 ml/1 tsk. teskefuld krydderiblanding (æblekage)

2 oz/¼ kop/50 g smør eller margarine

30 ml/2 spsk mørk sirup (melasse)

100 ml/3½ fl oz/6½ spsk mælk

Bland de tørre ingredienser og gnid med smør eller margarine. Varm siruppen op og bland med ingredienserne, indtil mælken bliver en jævn pasta. Rul ud med en 1/2 cm tyk kagerulle på en let meldrysset overflade og skær i runde stykker med en kageudstikker. Læg bollerne (småkagerne) på en smurt og meldrysset bageplade og pensl med mælk. Bages i en forvarmet ovn ved 190°C/375°F/termostat 5 i 20 minutter.

# *Yoghurt stykker*

give 12

200 g/7 oz/1¾ kopper almindeligt mel (all-purpose)

25 g/1 oz/¼ kop rismel

10 ml / 2 tsk bagepulver

en knivspids salt

15 ml / 1 spsk fint sukker

2 oz/¼ kop/50 g smør eller margarine

¼ pt/2/3 kop/150 ml almindelig yoghurt

Bland mel, bagepulver, salt og sukker. Gnid smør eller margarine i, indtil blandingen ligner brødkrummer. Tilsæt yoghurten for at få en blød, men ikke klistret dej. Rul ud på en meldrysset arbejdsflade til en tykkelse på ca. ¾/2 cm og skær i 2/5 cm skiver med en udstikker. Læg dem på en smurt bageplade og bag dem i den forvarmede ovn ved 200°C/400°F/termostat 6 i ca. 15 minutter, indtil de er godt hævede og gyldne.

# *Stykker af ost*

give 12

225 g/8 oz/2 kopper almindeligt mel (all-purpose)

2,5 ml/½ tsk salt

15 ml/1 spsk bagepulver

2 oz/¼ kop/50 g smør eller margarine

100 g/4 oz/1 kop revet cheddarost

150 ml/¼ pt/2/3 kopper mælk

Bland mel, salt og bagepulver. Gnid smør eller margarine i, indtil blandingen ligner brødkrummer. Tilsæt osten. Tilsæt mælken lidt efter lidt til en blød dej. Ælt forsigtigt, rul derefter ud til en tykkelse på ca. ½/1 cm og skær i 2/5 cm skiver med en udstikker. Læg bollerne (kiks) på en smurt bageplade og bag dem i en forvarmet ovn ved 220°C/425°F/termostat 7 i 12-15 minutter, indtil de er godt pustede og gyldne. Serveres varm eller kold.

# *Fuldkorns urteboller*

give 12

100 g/4 oz/½ kop smør eller margarine

175 g/6 oz/1¼ kopper fuldkornshvedemel

50 g/2 oz/½ kop almindeligt mel (all-purpose)

10 ml / 2 tsk bagepulver

30 ml/2 spsk. hakket frisk salvie eller timian

150 ml/¼ pt/2/3 kopper mælk

Smør eller margarine gnides med mel og bagepulver, indtil blandingen minder om brødkrummer. Tilsæt nok urter og mælk til at lave en blød dej. Ælt forsigtigt, rul derefter ud til en tykkelse på ca. ½/1 cm og skær i 2/5 cm skiver med en udstikker. Læg bollerne (småkagerne) på en smurt bageplade og pensl overfladen med mælk. Bages i en forvarmet ovn ved 220°C/425°F/termostat 7 i 10 minutter, indtil de er hævede og gyldne.

# Salami og ostepiber

Tilbud 4

2 oz/¼ kop/50 g smør eller margarine

225 g/8 oz/2 kopper selvhævende mel (hævet)

en knivspids salt

2 oz/50 g salami, revet

3 oz/75 g/¾ kop revet cheddarost

75 ml/5 spsk mælk

Ælt smør eller margarine med mel og salt, indtil blandingen minder om brødkrummer. Tilsæt salami og ost, tilsæt derefter mælken og bland indtil du har en glat dej. Lav en 20 cm/8 cirkel og flad den lidt ud. Læg bollerne (kiks) på en smurt bageplade og bag dem i den forvarmede ovn ved 220°C/425°F/termostat 7 i 15 minutter, indtil de er gyldenbrune.

# *fuldkornsboller*

give 12

175 g/6 oz/1½ kop fuldkornshvedemel

50 g/2 oz/½ kop almindeligt mel (all-purpose)

15 ml/1 spsk bagepulver

en knivspids salt

2 oz/¼ kop/50 g smør eller margarine

50 g/2 oz/¼ kop granuleret sukker

150 ml/¼ pt/2/3 kopper mælk

Bland mel, bagepulver og salt. Gnid smør eller margarine i, indtil blandingen ligner brødkrummer. Bland sukkeret. Tilsæt mælken lidt efter lidt til en blød dej. Ælt forsigtigt, rul derefter ud til en tykkelse på ca. ½/1 cm og skær i 2/5 cm skiver med en udstikker. Læg bollerne (kiks) på en smurt bageplade og bag dem i en forvarmet ovn ved 230°C/450°F/termostat 8 i ca. 15 minutter, indtil de er hævede og gyldne. Serveres varm.

# Conky fra Barbados

give 12

350 g/12 oz revet græskar

225 g/8 oz revet søde kartofler

1 stor kokosnød, revet eller 8 oz/225 g 2 kopper tørret kokosnød (revet)

350 g/12 oz/1½ kopper sødt brun farin

5 ml/1 tsk. hakkede krydderier (æblekage)

5 ml/1 tsk revet muskatnød

5 ml/1 tsk salt

5 ml/1 tsk mandelessens (ekstrakt)

100 g/4 oz/2/3 kopper rosiner

350 g/12 oz/3 kopper majsmel

100 g/4 oz/1 kop selvhævende mel

6 oz/¾ kop/175 g smør eller margarine, smeltet

300 ml/½ pt/1¼ kop mælk

Bland græskar, sød kartoffel og kokos. Bland sukker, krydderier, salt og mandelessens. Tilsæt rosiner, majsmel og mel og bland godt. Kombiner det smeltede smør eller margarine med mælken og bland i de tørre ingredienser, indtil det er godt blandet. Hæld ca. 60 ml/4 spiseskefulde af blandingen i folien, pas på ikke at overfylde. Fold alufolien ind i indpakningen, så den pakkes tæt ind, og blandingen ikke blottes. Gentag med resten af blandingen. Damp slik på en rist over kogende vand i cirka 1 time, indtil det er fast og gennemstegt. Serveres varm eller kold.

# *Bagte julesmåkager*

give 40

2 oz/¼ kop/50 g smør eller margarine

100 g/4 oz/1 kop almindeligt mel (all-purpose)

2,5 ml/½ tsk stødt kardemomme

25 g / 1 oz / 2 spsk granuleret sukker

15 ml/1 spsk tung creme

5 ml/1 tsk cognac

1 lille æg, pisket

Madolie

Pulveriseret sukker til drys

Ælt smør eller margarine med mel og kardemomme, indtil blandingen minder om brødkrummer. Tilsæt sukker, og tilsæt derefter fløde, brandy og nok æg til at gøre blandingen fast nok. Dæk til og afkøl i 1 time.

Rul ud på et let meldrysset bord til ¼/5 mm tykkelse og skær i 10 x 2,5 cm/4 x 1 strimler ved hjælp af en bagemaskine. Brug en skarp kniv til at lave et snit i midten af hver strimmel. Før den anden ende af båndet gennem mellemrummet for at danne en halvcirkel. Steg kiksene i omgange i varm olie i cirka 4 minutter, indtil de er gyldne og luftige. Afdryp på køkkenrulle (papirhåndklæde) og server drysset med flormelis.

# *Majsmelskager*

give 12

100 g/4 oz/1 kop selvhævende mel

100 g/4 oz/1 kop majsmel

5 ml/1 tsk bagepulver

15 g/½ oz/1 spsk pulveriseret sukker

2 æg

375 ml/13 oz/1½ kop mælk

60 ml/4 spsk olie

Lavvandet stegeolie

Bland de tørre ingredienser og lav en brønd i midten. Pisk æg, mælk og afmålt olie og bland med de tørre ingredienser. Varm lidt olie op i en stor stegepande og steg 60 ml/4 spsk. pisk indtil der kommer bobler på overfladen. Vend og brun på den anden side. Tag af gryden og hold varmt, mens du fortsætter med resten af dejen. Serveres varm.

# *boller*

give 8

15 g/½ oz frisk gær eller 20 ml/4 tsk tørgær

5 ml/1 tsk fint sukker

300 ml/½ pt/1¼ kop mælk

1 æg

2¼ kopper/250 g almindeligt mel (all-purpose)

5 ml/1 tsk salt

Smøreolie

Bland gær og sukker med lidt mælk til en pasta og bland med resten af mælken og ægget. Tilsæt væsken til melet og saltet og bland indtil du har en tyk, cremet dej. Dæk til og lad stå et lunt sted i 30 minutter, indtil det er fordoblet. Opvarm en bageplade eller kraftig stegepande (gryde) og smør den let. Placer på en 7,5 cm/3 cm bageplade. (Hvis du ikke har bagecirkler, skær forsigtigt toppen og bunden af en lille pande.) Hæld kopper af blandingen i cirklerne og steg i cirka 5 minutter, indtil bunden er gyldenbrun og toppen er fast. Gentag med resten af blandingen Serveres ristet.

# *donuts*

Dag 16

300 ml/½ pt/1¼ kop varm mælk

15 ml/1 spsk tørgær

175 g/6 oz/¾ kop granuleret sukker

450 g/1 lb/4 kopper universal (brød) mel

5 ml/1 tsk salt

2 oz/¼ kop/50 g smør eller margarine

1 sammenpisket æg

Madolie

5 ml/1 tsk stødt kanel

Bland den varme mælk, gær, 5 ml/1 tsk sukker og 100 g/4 oz/1 kop mel. Lad stå et lunt sted i 20 minutter, indtil skummet. Bland det resterende mel, ¼ kop/50 g sukker og salt i en skål og pisk smør eller margarine i, indtil blandingen ligner brødkrummer. Tilsæt æg- og gærblandingen og ælt en meget blød dej. Dæk til og lad stå et lunt sted i 1 time. Ælt igen og form en 2 cm/½ tyk skive. Skær i skiver med en 3/8 cm småkageudstikker og skær centrerne ud med en 1½/4 cm udstikker.

Læg den på en smurt bageplade og lad den stå i 20 minutter. Varm olien op, indtil den næsten ryger, og steg derefter donuts i et par minutter, indtil de er gyldenbrune. Dræner godt. Kom resten af sukkeret og kanelen i en pose og ryst donutsene i posen til de er godt belagte.

# kartoffelpander

give 24

15 ml/1 spsk tørgær

60 ml/4 spsk varmt vand

25 g / 1 oz / 2 spsk granuleret sukker

25 g / 1 oz / 2 spsk si ava (forkortet)

1,5 ml/¼ teskefuld salt

75 g/3 oz/1/3 kop kartoffelmos

1 sammenpisket æg

120 ml/4 fl oz/½ kop mælk, kogt

300 g/10 oz/2½ kopper universal (brød) mel

Madolie

Granuleret sukker til drys

Opløs gæren i varmt vand med en teskefuld sukker og lad den skumme. Bland spæk, resten af sukkeret og salt. Tilsæt kartoffel, gærblanding, æg og mælk, og tilsæt derefter gradvist melet og bland, indtil du har en jævn dej. Læg den på en meldrysset overflade og ælt godt. Læg den i en smurt skål, dæk med plastfolie og lad den stå et lunt sted i ca. 1 time, indtil den er dobbelt så stor.

Ælt igen og rul derefter ud til 1/2 cm tykkelse. Skær i skiver med en 3/8 cm småkageudstikker, og skær derefter centrene ud med en 1½/4 cm småkageudstikker for at lave donuts. Lad hæve til det dobbelte. Varm olien op og steg donuts til de er gyldne. Drys sukker på toppen og lad afkøle.

# Naan brød

give 6

2,5 ml/½ teskefuld tørgær

60 ml/4 spsk varmt vand

350 g/12 oz/3 kopper almindeligt mel (all-purpose)

10 ml / 2 tsk bagepulver

en knivspids salt

¼ pt/2/3 kop/150 ml almindelig yoghurt

Smeltet smør til pensling

Bland gær og varmt vand og lad det stå et lunt sted i 10 minutter, indtil det er skum. Tilsæt gærblandingen til mel, bagepulver og salt, og tilsæt derefter yoghurten til en blød dej. Ælt til det ikke længere er klistret. Læg i en smurt skål, dæk til og lad hvile i 8 timer.

Del dejen i seks stykker og rul dem til ovale ca. ¼/5 mm tykke. Læg dem på en smurt bageplade og pensl med smeltet smør. Grill (broil) ved middel varme (bril) i cirka 5 minutter, indtil den er let hævet, vend og smør den anden side og steg i yderligere 3 minutter, indtil den er let brunet.

# *Havre Bannocks*

give 4

100 g/4 oz/1 kop medium havre

2,5 ml/½ tsk salt

knivspids bagepulver (bagepulver)

10 ml / 2 tsk olie

60 ml/4 teskefulde varmt vand

Bland de tørre ingredienser i en skål og lav en brønd i midten. Bland olien og nok vand til at lave en hård pasta. Læg den på en let meldrysset overflade og ælt til den er glat. Rul til en skive ca. ¼/5 mm tyk, glat kanterne og skær i tern. Opvarm en bradepande eller kraftig stegepande og kog (bag) bannockerne i cirka 20 minutter, indtil hjørnerne begynder at krølle. Vend og steg på den anden side i 6 minutter.

# *gedde*

give 8

10 ml/2 tsk frisk gær eller 5 ml/1 tsk tørgær

5 ml/1 tsk fint sukker

300 ml/½ pt/1¼ kop mælk

1 æg

225 g/8 oz/2 kopper almindeligt mel (all-purpose)

5 ml/1 tsk salt

Smøreolie

Bland gær og sukker med lidt mælk til en pasta og bland med resten af mælken og ægget. Væsken blandes med mel og salt og blandes til en fin pasta. Dæk til og lad stå et lunt sted i 30 minutter, indtil det er fordoblet. Opvarm en bageplade eller kraftig stegepande (gryde) og smør den let. Hæld kopper af blandingen i gryden og steg i cirka 3 minutter, indtil den er gyldenbrun i bunden, og vend derefter og steg i cirka 2 minutter på den anden side. Gentag med resten af blandingen.

# *Drop bollerne lidt*

give 15

100 g/4 oz/1 kop selvhævende mel

en knivspids salt

15 ml / 1 spsk fint sukker

1 æg

150 ml/¼ pt/2/3 kopper mælk

Smøreolie

Bland mel, salt og sukker og lav en fordybning i midten. Dyp ægget i det og bland gradvist ægget og mælken, indtil du får en jævn pasta. Varm en stor stegepande op og smør den let. Når den er varm, hældes spiseskefulde dej ned i gryden for at danne cirkler. Bag dem i cirka 3 minutter, indtil bollerne (småkagerne) er hævede og gyldne i bunden, og vend dem derefter og brun dem på den anden side. Serveres varm eller varm.

# *ahornboller*

Giv det 30

200 g/7 oz/1¾ kopper selvhævende mel (hævet)

25 g/1 oz/¼ kop rismel

10 ml / 2 tsk bagepulver

25 g / 1 oz / 2 spsk granuleret sukker

en knivspids salt

15 ml/1 spsk ahornsirup

1 sammenpisket æg

200 ml / 7 fl oz / næsten 1 kop mælk

Solsikkeolie

2 oz/¼ kop/50 g smør eller margarine, blødgjort

15 ml / 1 spsk hakkede valnødder

Bland mel, gær, sukker og salt og lav en fordybning i midten. Tilsæt ahornsirup, æg og halvdelen af mælken og pisk til en jævn masse. Bland resten af mælken, indtil du får en tyk pasta. Varm lidt olie op i en stegepande og dræn det overskydende af. Kom skefulde af dej i gryden og steg til de er gyldenbrune i bunden. Vend og steg også de andre sider. Tag det af panden og hold det varmt, mens du bager de resterende boller. For at servere, bland smør eller margarine med nødder og drys varme boller med smagssmør.

# *grillede boller*

give 12

225 g/8 oz/2 kopper almindeligt mel (all-purpose)

5 ml/1 tsk bagepulver (bagepulver)

10 ml/2 tsk tandsten

2,5 ml/½ tsk salt

25 g / 1 oz / 2 spsk ghee (afkortning) eller smør

25 g / 1 oz / 2 spsk granuleret sukker

150 ml/¼ pt/2/3 kopper mælk

Smøreolie

Bland mel, bagepulver, fløde af vinsten og salt. Gnid spæk eller smør i og tilsæt derefter sukkeret. Tilsæt mælken lidt efter lidt, indtil du får en blød dej. Skær dejen i halve, ælt og form hver af dem til en flad runde ca. 1/2 cm tyk. Skær hver cirkel i seks. Varm en stor stegepande eller stegepande op og lidt olie. Når bollerne er varme, lægges de i gryden og steges i cirka 5 minutter til bunden er gyldenbrun, og vend dem derefter og steg dem på den anden side. Lad afkøle på en rist.

# Grillede stykker med ost

give 12

25 g/1 oz/2 spsk smør eller margarine, blødgjort

100 g/4 oz/½ kop hytteost

5 ml/1 tsk hakket frisk purløg

2 sammenpisket æg

1½ oz/40 g/1/3 kop almindeligt mel (all-purpose)

15 g/½ oz/2 spsk rismel

5 ml/1 tsk bagepulver

15 ml/1 spsk mælk

Smøreolie

Bland alle ingredienserne undtagen olien, indtil du får en tyk pasta. Varm lidt olie op i en stegepande, og hæld derefter det overskydende af. Bag (steg) spiseskefulde af blandingen til bunden er gyldenbrun. Vend bollerne (kiks) og steg dem på den anden side. Tag det af panden og hold det varmt, mens du bager de resterende boller.

# *Særlige skotske pandekager*

give 12

100 g/4 oz/1 kop almindeligt mel (all-purpose)

10 ml/2 tsk. fint fordelt sukker

5 ml/1 tsk tandsten

2,5 ml/½ tsk salt

2,5 ml/½ teskefuld bagepulver (bagepulver)

1 æg

5 ml/1 tsk gylden sirup (lys mejs)

120 ml/4 fl oz/½ kop varm mælk

Smøreolie

Bland de tørre ingredienser og lav en brønd i midten. Pisk ægget sammen med sirup og mælk og bland med melblandingen til dejen er meget tyk. Dæk til og lad sidde i cirka 15 minutter, indtil blandingen begynder at boble. Varm en stor bageplade eller tung stegepande op og smør let. Kom små skefulde af dej på grillen og steg på den ene side i cirka 3 minutter, indtil de er gyldenbrune i bunden, vend derefter og steg på den anden side i cirka 2 minutter. Pak pandekagerne ind i et varmt køkkenrulle (torchon), mens du forbereder resten af dejen. Serveres koldt og smurt, ristet eller stegt (stegt).

# *Skotske frugtpandekager*

give 12

100 g/4 oz/1 kop almindeligt mel (all-purpose)

10 ml/2 tsk. fint fordelt sukker

5 ml/1 tsk tandsten

2,5 ml/½ tsk salt

2,5 ml/½ teskefuld bagepulver (bagepulver)

100 g/4 oz/2/3 kopper rosiner

1 æg

5 ml/1 tsk gylden sirup (lys majs)

120 ml/4 fl oz/½ kop varm mælk

Smøreolie

Bland de tørre ingredienser sammen med rosinerne og lav en fordybning i midten. Pisk ægget sammen med sirup og mælk og bland med melblandingen til dejen er meget tyk. Dæk til og lad sidde i cirka 15 minutter, indtil blandingen begynder at boble. Varm en stor bageplade eller tung stegepande op og smør let. Kom små skefulde af dej på grillen og steg på den ene side i cirka 3 minutter, indtil de er gyldenbrune i bunden, vend derefter og steg på den anden side i cirka 2 minutter. Pak pandekagerne ind i et varmt køkkenhåndklæde, mens resten koger. Serveres koldt og smurt, ristet eller stegt (stegt).

# *Skotske appelsinpandekager*

give 12

100 g/4 oz/1 kop almindeligt mel (all-purpose)

10 ml/2 tsk. fint fordelt sukker

5 ml/1 tsk tandsten

2,5 ml/½ tsk salt

2,5 ml/½ teskefuld bagepulver (bagepulver)

10 ml/2 tsk revet appelsinskal

1 æg

5 ml/1 tsk gylden sirup (lys majs)

120 ml/4 fl oz/½ kop varm mælk

Et par dråber appelsinessens (ekstrakt)

Smøreolie

Bland de tørre ingredienser og appelsinskal og lav en brønd i midten. Pisk ægget med sirup, mælk og appelsinessens og tilsæt melblandingen til dejen er meget tyk. Dæk til og lad sidde i cirka 15 minutter, indtil blandingen begynder at boble. Varm en stor bageplade eller tung stegepande op og smør let. Kom små skefulde af dej på grillen og steg på den ene side i cirka 3 minutter, indtil de er gyldenbrune i bunden, vend derefter og steg på den anden side i cirka 2 minutter. Pak pandekagerne ind i et varmt køkkenhåndklæde, mens resten koger. Serveres koldt og smurt, ristet eller stegt (stegt).

## *bard synger*

give 12

225 g/8 oz/2 kopper almindeligt mel (all-purpose)

2,5 ml/½ tsk salt

2,5 ml/½ tsk bagepulver

50 g/2 oz/¼ kop spæk (forkortet)

2 oz/¼ kop/50 g smør eller margarine

100 g/4 oz/2/3 kopper rosiner

120 ml/4 oz/½ kop mælk

Smøreolie

Bland de tørre ingredienser og tilsæt bacon og smør eller margarine, indtil blandingen minder om brødkrummer. Tilsæt ribs og lav en fordybning i midten. Tilsæt nok mælk til at lave en fast dej. Rul en kagerulle ca. 1/2 cm tyk ud på en let meldrysset overflade og prik med en gaffel. Opvarm en bageplade eller kraftig stegepande (gryde) og smør den let. Bag kagen i cirka 5 minutter, indtil bunden er gyldenbrun, vend derefter og bag den anden side i cirka 4 minutter. Server opdelt og smør på.

# *walisiske kager*

Tilbud 4

225 g/8 oz/2 kopper almindeligt mel (all-purpose)

5 ml/1 tsk bagepulver

2,5 ml/½ tsk. hakkede krydderier (æblekage)

2 oz/¼ kop/50 g smør eller margarine

50 g/2 oz/¼ kop spæk (forkortet)

75 g/3 oz/1/3 kop granuleret sukker

50 g/2 oz/1/3 kop rosiner

1 sammenpisket æg

30-45ml/2-3 spsk mælk

Bland mel, bagepulver og krydderier i en skål. Gnid smør eller margarine og spæk sammen, indtil blandingen minder om brødkrummer. Bland sukker og ribs. Bland nok æg og mælk til at lave en fast dej. Rul ud på et meldrysset bord til en tykkelse på ¼/5 mm og skær i 3/7,5 cm skiver. Steg på en smurt bageplade i cirka 4 minutter på hver side, indtil de er gyldenbrune.

# *walisiske pandekager*

give 12

175 g/6 oz/1½ kopper almindeligt mel (all-purpose)

2,5 ml/½ tsk tandsten

2,5 ml/½ teskefuld bagepulver (bagepulver)

50 g/2 oz/¼ kop granuleret sukker

25 g/1 oz/2 spsk smør eller margarine

1 sammenpisket æg

120 ml/4 oz/½ kop mælk

2,5 ml/½ teskefuld eddike

Smøreolie

Bland de tørre ingredienser og tilsæt sukker. Gnid med smør eller margarine og lav en brønd i midten. Tilsæt ægget og nok mælk til at lave en tynd dej. Tilsæt eddike. Opvarm en bageplade eller kraftig stegepande (gryde) og smør den let. Kom store skefulde dej i gryden og steg i cirka 3 minutter, indtil de er gyldenbrune i bunden. Vend og steg på den anden side i cirka 2 minutter. Serveres varm og smør på.

# Mexicansk krydret majsbrød

Giver 8 ruller

225 g/8 oz/2 kopper selvhævende mel (hævet)

5 ml/1 tsk chilipulver

2,5 ml/½ teskefuld bagepulver (bagepulver)

200 g/7 oz/1 lille dåse majs

15 ml/1 spsk karrypasta

250 ml/8 oz/1 kop almindelig yoghurt

Lavvandet stegeolie

Bland mel, chilipulver og sodavand. Bland resten af ingredienserne undtagen olien og bland indtil du har en glat dej. Læg den på en let meldrysset overflade og ælt forsigtigt, indtil den er glat. Skær i otte stykker og skær hver i 13 cm/5 runder. Varm olien op i en tykbundet bradepande og steg majsbrødet i 2 minutter på hver side, til det er gyldenbrunt og let hævet.

## *svensk fladbrød*

give 4

225 g/8 oz/2 kopper fuldkornshvedemel

8 oz/225 g/2 kopper rug- eller bygmel

5 ml/1 tsk salt

Cirka 250 ml/8 fl oz/1 kop varmt vand

Smøreolie

Bland mel og salt i en skål, og tilsæt derefter vandet gradvist, indtil du får en fast dej. Afhængig af det anvendte mel kan du have brug for lidt mere eller mindre vand. Pisk godt, indtil dejen kommer væk fra siderne af skålen, læg derefter på en let meldrysset overflade og ælt i 5 minutter. Del dejen i fire dele og fordel den ud i et tyndt lag på 20 cm/8 cirkler. Varm en bageplade eller stor bradepande (stegepande) op og smør den let. Bag (steg) et eller to brød ad gangen i cirka 15 minutter på hver side, indtil de er gyldenbrune.

## *Dampet majs og rugbrød*

23 cm/9 pr bar

175 g/6 oz/1½ kop rugmel

175 g/6 oz/1½ kop fuldkornshvedemel

100 g/4 oz/1 kop havregryn

10 ml/2 tsk bagepulver (bagepulver)

5 ml/1 tsk salt

450 ml/¾ pt/2 kopper mælk

175 g/6 oz/½ kop mørk sirup (melasse)

10 ml/2 tsk citronsaft

Bland mel, havre, natron og salt. Varm mælken, siruppen og citronsaften op, indtil den er varm, og bland derefter med de tørre ingredienser. Hæld i et smurt 9cm/23cm buddingfad og dæk med foldet aluminiumsfolie. Placer i en stor gryde og fyld med nok varmt vand til at komme halvvejs op på siden af gryden. Dæk til og kog i 3 timer, tilsæt mere kogende vand, hvis det er nødvendigt. Lad stå natten over inden servering.

# Sødt dampet majsbrød

Laver to 1 lb/450 g brød

175 g/6 oz/1½ kopper almindeligt mel (all-purpose)

225 g/8 oz/2 kopper majsmel

15 ml/1 spsk bagepulver

en knivspids salt

3 æg

45 ml/3 spsk olie

150 ml/¼ pt/2/3 kopper mælk

300 g/11 oz dåse sukkermajs, drænet og hakket

Bland mel, majsmel, bagepulver og salt. Pisk æg, olie og mælk sammen, og bland dem derefter i de tørre ingredienser sammen med sukkermajsen. Hæld i to smurte 1lb/450g brødforme og anbring i en stor gryde fyldt med nok kogende vand til at komme halvvejs op ad siderne af formene. Læg låg på og lad det simre i 2 timer, tilsæt mere kogende vand, hvis det er nødvendigt. Lad dem køle af i formene, inden de vendes og skæres.

# *Chapatis af fuld hvede*

give 12

225 g/8 oz/2 kopper fuldkornshvedemel

5 ml/1 tsk salt

¼ teskefuld / 150 ml / 2/3 kop vand

Bland mel og salt i en skål, og tilsæt derefter vandet gradvist, indtil du får en fast dej. Del i 12 stykker og rul tyndt ud på en meldrysset overflade. Smør en tykbundet bradepande (gryde) eller bageplade og steg et par chapatis ad gangen ved middel varme, indtil de er gyldenbrune. Vend og steg indtil let brunet på den anden side. Hold chapatien varm, mens du forbereder resten. Server eventuelt med smør på den anden side.

# fuldkornspresse

give 8

100 g/4 oz/1 kop fuldkornshvedemel

100 g/4 oz/1 kop almindeligt mel (all-purpose)

2,5 ml/½ tsk salt

25 g/1 oz/2 spsk smør eller margarine, smeltet

¼ teskefuld / 150 ml / 2/3 kop vand

Madolie

Bland mel og salt og lav en brønd i midten. Tilsæt smør eller margarine. Tilsæt gradvist vand under omrøring til en fast pasta. Ælt i 5 til 10 minutter, dæk derefter med en fugtig klud og lad hvile i 15 minutter.

Del dejen i otte dele og rul hver i 5 cirkler på 13 cm. Varm olien op i en stor, tykbundet stegepande og steg stykkerne et eller to ad gangen, til de er hævede, sprøde og gyldne. Tør med køkkenrulle (papirhåndklæde).

# *Mandelkager*

give 24

100 g/4 oz/½ kop smør eller margarine, blødgjort

50 g/2 oz/¼ kop granuleret sukker

100 g/4 oz/1 kop selvhævende mel

25 g/1 oz/¼ kop malede mandler

Et par dråber mandelessens (ekstrakt)

Pisk smør eller margarine og sukker let og luftigt. Bland mel, malede mandler og mandelessens til du får en fast dej. Form til store kugler på størrelse med valnød og læg dem med stor afstand på en smurt bageplade, og flad dem derefter lidt med en gaffel. Bag småkagerne (kiks) i den forvarmede ovn ved 180°C i 15 minutter, indtil de er gyldne.

# *Mandelkrøller*

Giv det 30

100 g / 4 oz / 1 kop skåret mandler (skåret i skiver)

100 g/4 oz/½ kop smør eller margarine

100 g/4 oz/½ kop granuleret sukker

30 ml/2 spsk mælk

15-30 ml/1-2 spsk. almindeligt mel (generelt)

Kom mandler, smør eller margarine, sukker og mælk i en gryde med 15 ml/1 spsk mel. Varm forsigtigt op under omrøring, indtil blandingen er godt blandet, tilsæt eventuelt det resterende mel for at holde blandingen sammen. Læg spiseskeerne enkeltvis på en smurt og meldrysset bageplade og bag dem i den forvarmede ovn ved 180°C/termostat 4 i 8 minutter, indtil de er let brune. Lad afkøle på bagepladen i cirka 30 sekunder, og form derefter løkker omkring håndtaget på en træske. Når de er kølige nok til at forme, sætter du dem i ovnen i et par sekunder for at varme dem, inden du former resten.

# *tonsil ringe*

give 24

100 g/4 oz/½ kop smør eller margarine, blødgjort

100 g/4 oz/½ kop granuleret sukker

1 æg, adskilt

225 g/8 oz/2 kopper almindeligt mel (all-purpose)

5 ml/1 tsk bagepulver

5 ml/1 tsk revet citronskal

2 oz/½ kop/50 g skårne mandler (hakkede)

Pulversukker (ekstra fint) til drys

Pisk smør eller margarine og sukker let og luftigt. Pisk gradvist æggeblommen i, og tilsæt derefter mel, bagepulver og citronskal. Afslut med hænderne, indtil blandingen klistrer Rul ud til ¼/5 mm tykkelse og skær 2¼/6 cm cirkler ud med en kageudstikker, og skær derefter centrerne ud med en ¾/2 cm kagedåse. Læg forsigtigt småkagerne på en smurt bageplade og prik dem med en gaffel. Bages i en forvarmet ovn ved 180°C/350°F/termostat 4 i 10 minutter. Pensl med æggehvide, drys med mandler og sukker, og sæt derefter tilbage i ovnen i yderligere 5 minutter, indtil den er let brunet.

# Middelhavsmandelkager

give 24

2 æg, adskilt

1 kop/6 oz/175 g pulveriseret (konditorsukker), sigtet

10 ml / 2 tsk bagepulver

Skal af ½ citron

Et par dråber vaniljeessens (ekstrakt)

400 g/14 oz/3½ kopper malede mandler

Pisk æggeblommer og en æggehvide med sukkeret, indtil du får et let skum. Tilsæt alle de øvrige ingredienser og bland til du har en fast dej. Form til kugler på størrelse med valnød og læg dem på en smurt bageplade, tryk let for at flade. Bages i forvarmet ovn ved 180°C/350°F/termostat 4 i 15 minutter, indtil de er gyldne og revnet.

# *Mandel- og chokoladekager*

give 24

2 oz/¼ kop/50 g smør eller margarine, blødgjort

75 g/3 oz/1/3 kop granuleret sukker

1 lille æg, pisket

100 g/4 oz/1 kop almindeligt mel (all-purpose)

2,5 ml/½ tsk bagepulver

25 g/1 oz/¼ kop malede mandler

25 g/1 oz/¼ kop naturlig chokolade (halvsød), revet

Pisk smør eller margarine og sukker let og luftigt. Tilsæt ægget lidt efter lidt og bland resten af ingredienserne til du får en ret fast pasta. Hvis blandingen er for våd, tilsættes lidt mere mel. Pak ind i aluminiumsfolie (plastfilm) og sæt i køleskabet i 30 minutter.

Dejen rulles til en cylinderform og skæres i ½ cm skiver. Læg dem hver for sig på en smurt bageplade og bag dem i en forvarmet ovn ved 190°C/termostat i 5 til 10 minutter.

# Amish frugt- og nøddekager

give 24

100 g/4 oz/½ kop smør eller margarine, blødgjort

175 g/6 oz/¾ kop granuleret sukker

1 æg

75 ml/5 spsk mælk

75 g/3 oz/¼ kop mørk sirup (melasse)

2¼ kopper/250 g almindeligt mel (all-purpose)

10 ml / 2 tsk bagepulver

15 ml/1 spsk stødt kanel

10 ml/2 tsk bagepulver (bagepulver)

2,5 ml/½ tsk revet muskatnød

50 g/2 oz/½ kop medium havre

50 g/2 oz/1/3 kop rosiner

25 g/1 oz/¼ kop hakkede valnødder

Pisk smør eller margarine og sukker let og luftigt. Tilsæt gradvist ægget, derefter mælken og siruppen. Tilsæt resten af ingredienserne og bland indtil du får en fast dej. Tilsæt lidt mere mælk, hvis blandingen er for hård at arbejde med, eller lidt mere mel, hvis den er for klistret; Konsistensen vil variere afhængigt af det anvendte mel. Rul dejen ud til ca. ¼/5 mm tykkelse og skær den i skiver med en udstikker. Lægges på en smurt bageplade og bages i en forvarmet ovn ved 180°C/termostat 4 i 10 minutter, indtil de er gyldenbrune.

# anis cookies

Dag 16

175 g/6 oz/¾ kop granuleret sukker

2 æggehvider

1 æg

100 g/4 oz/1 kop almindeligt mel (all-purpose)

5 ml/1 tsk stødt anis

Pisk sukker, hvider og æg i 10 minutter. Tilsæt melet gradvist og tilsæt anis. Hæld blandingen i en 450g/1lb kageform og bag i en forvarmet ovn ved 180°C i 35 minutter, indtil en tandstik indsat i midten kommer ren ud. Tag ud af formen og skær i 1 cm/½ skiver. Læg småkagerne på siden på en smurt bageplade, og sæt dem tilbage i ovnen i yderligere 10 minutter, og vend dem om for at stege.

## Banankager, havregryn, appelsinjuice

give 24

100 g/4 oz/½ kop smør eller margarine, blødgjort

100 g/4 oz modne bananer, mosede

120 ml/4 oz/½ kop appelsinjuice

4 æggehvider, let pisket

10 ml/2 tsk vaniljeessens (ekstrakt)

5 ml/1 tsk fintrevet appelsinskal

225 g/8 oz/2 kopper havre

225 g/8 oz/2 kopper almindeligt mel (all-purpose)

5 ml/1 tsk bagepulver (bagepulver)

5 ml/1 tsk revet muskatnød

en knivspids salt

Pisk smør eller margarine, til det er glat, og tilsæt bananer og appelsinjuice. Bland æggehvider, vanillecreme og appelsinskal, og rør derefter bananblandingen og resten af ingredienserne i. Kom skefulde på en bageplade og bag i en forvarmet ovn ved 180°C/350°F/termostat 4 i 20 minutter, indtil de er gyldenbrune.

# *Grundlæggende cookies*

give 40

100 g/4 oz/½ kop smør eller margarine, blødgjort

100 g/4 oz/½ kop granuleret sukker

1 sammenpisket æg

5 ml/1 tsk vaniljeessens (ekstrakt)

225 g/8 oz/2 kopper almindeligt mel (all-purpose)

Pisk smør eller margarine og sukker let og luftigt. Tilsæt gradvist æg og vaniljeessens, tilsæt derefter melet og ælt indtil du får en homogen dej. Form en kugle, pak den ind i plastfolie og stil den på køl i 1 time.

Rul dejen ud til ¼/5 mm tykkelse og skær skiver ud med en udstikker. Placer på en smurt bageplade og bag i en forvarmet ovn ved 200°C/400°F/termostat 6 i 10 minutter, indtil de er gyldenbrune. Lad den køle af på bagepladen i 5 minutter, før den tages ud på en rist for at afslutte afkølingen.

# *Sprøde klid cookies*

Dag 16

100 g/4 oz/1 kop fuldkornshvedemel

100 g/4 oz/½ kop sødt brun farin

25 g/1 oz/¼ kop havre

25 g/1 oz/½ kop klid

5 ml/1 tsk bagepulver (bagepulver)

5 ml/1 tsk malet ingefær

100 g/4 oz/½ kop smør eller margarine

15 ml/1 spsk gylden sirup (lys majs)

15 ml/1 spsk mælk

Bland de tørre ingredienser. Smelt smørret med sirup og mælk, og bland derefter de tørre ingredienser, indtil du har en fast pasta. Læg skefulde af kiksblandingen på en smurt bageplade og bag dem i den forvarmede ovn ved 160°C/325°F/termostat 3 i 15 minutter, indtil de er gyldenbrune.

## *sesam cookies*

give 12

225 g/8 oz/2 kopper fuldkornshvedemel

5 ml/1 tsk bagepulver

25 g/1 oz/½ kop klid

en knivspids salt

2 oz/¼ kop/50 g smør eller margarine

45 ml/3 spsk. sødt brun farin

45 ml/3 spsk rosiner (gyldne rosiner)

1 æg, let pisket

120 ml/4 oz/½ kop mælk

45 ml/3 spsk sesamfrø

Bland mel, bagepulver, klid og salt og tilsæt smør eller margarine, indtil blandingen ligner brødkrummer. Tilsæt sukker og rosiner, tilsæt ægget og nok mælk til at lave en blød, men ikke klistret dej. Rul ud til en 1 cm/½ tyk skive og skær skiver ud med en udstikker. Læg dem i et smurt ovnfast fad, drys med mælk og drys med sesamfrø. Bages i en forvarmet ovn ved 220°C/425°F/termostat 7 i 10 minutter, indtil de er gyldenbrune.

# *Brandy og spidskommen Cookies*

Giv det 30

25 g/1 oz/2 spsk smør eller margarine, blødgjort

75 g/3 oz/1/3 kop sødt brun farin

½ æg

10 ml/2 tsk cognac

175 g/6 oz/1½ kopper almindeligt mel (all-purpose)

10 ml/2 tsk spidskommen frø

5 ml/1 tsk bagepulver

en knivspids salt

Pisk smør eller margarine og sukker let og luftigt. Tilsæt gradvist æg og brandy, tilsæt resten af ingredienserne og bland indtil du får en fast dej. Pak ind i aluminiumsfolie (plastfilm) og sæt i køleskabet i 30 minutter.

Rul dejen ud på en let meldrysset overflade til en tykkelse på ca. 3 mm/1/8 og skær skiver ud med en kageudstikker. Læg småkagerne på en smurt bageplade og bag dem i den forvarmede ovn ved 200°C/400°F/Termostat 6 i 10 minutter.

# *Brandy Snapp*

Giv det 30

100 g/4 oz/½ kop smør eller margarine

100 g/4 oz/1/3 kop gylden sirup (lys majs)

100 g/4 oz/½ kop demerara sukker

100 g/4 oz/1 kop almindeligt mel (all-purpose)

5 ml/1 tsk malet ingefær

5 ml/1 tsk citronsaft

Smelt smør eller margarine, sirup og sukker i en gryde. Lad det køle lidt af, og tilsæt derefter mel, ingefær og citronsaft. Dryp teskefulde af blandingen med 4/10 cm mellemrum på en smurt bageplade og bag i en forvarmet ovn ved 180°C/350°F/termostat 4 i 8 minutter, indtil den er gyldenbrun. Lad afkøle i et minut, fjern derefter bagepapiret med en skive og kør en træske langs det smurte håndtag. Fjern håndtaget fra skeen og lad det køle af på en rist. Hvis ispindene bliver for hårde, inden de formes, skal de tilbage i ovnen i et minut for at varme og blødgøre.

# Smørkager

give 24

100 g/4 oz/½ kop smør eller margarine, blødgjort

50 g/2 oz/¼ kop granuleret sukker

skal af 1 citron

150 g/5 oz/1¼ kopper selvhævende mel (hævet)

Pisk smør eller margarine og sukker let og luftigt. Rør citronskal i og bland derefter melet i, indtil det er fast. Form til store kugler på størrelse med valnød og læg dem med stor afstand på en smurt bageplade, og flad dem derefter lidt med en gaffel. Bag småkagerne (kiks) i den forvarmede ovn ved 180°C i 15 minutter, indtil de er gyldne.

# Karamel cookies

give 40

100 g/4 oz/½ kop smør eller margarine, blødgjort

100 g/4 oz/½ kop mørk brun farin

1 sammenpisket æg

¼ tsk/1,5 ml vaniljeessens (ekstrakt)

225 g/8 oz/2 kopper almindeligt mel (all-purpose)

7,5 ml / 1½ tsk bagepulver

en knivspids salt

Pisk smør eller margarine og sukker let og luftigt. Tilsæt lidt efter lidt æg og vaniljeessens. Tilsæt mel, bagepulver og salt. Form dejen til tre pølser, ca. 5 cm/2 i diameter, pak den ind i plastfolie og stil den på køl i 4 timer eller natten over.

Skær i 1/8/3 mm tykke skiver og læg på en usmurt bageplade. Bag kagerne i ovnen forvarmet til 190°C/termostat 5 i 10 minutter, indtil de er let gyldne.

# *Karamel cookies*

Giv det 30

2 oz/¼ kop/50 g smør eller margarine, blødgjort

50 g/2 oz/¼ kop spæk (forkortet)

225 g/8 oz/1 kop sødt brun farin

1 æg, let pisket

175 g/6 oz/1½ kopper almindeligt mel (all-purpose)

1,5 ml/¼ teskefuld bagepulver (bagepulver)

1,5 ml/¼ teskefuld tandsten

En knivspids revet muskatnød

10 ml / 2 tsk vand

2,5 ml/½ tsk vaniljeessens (ekstrakt)

Pisk smør eller margarine, spæk og sukker let og luftigt. Pisk ægget lidt efter lidt. Bland mel, bagepulver, vinsten og muskatnød, tilsæt derefter vandet og vaniljeessensen og bland, indtil du har en jævn dej. Rul til en pølseform, pak ind i husholdningsfilm (plastfolie) og stil i køleskabet i mindst 30 minutter, gerne længere.

Skær dejen i 1/2 cm skiver og læg på en smurt bageplade. Bag kagerne i ovnen forvarmet til 180°C/termostat 4 i 10 minutter, indtil de er gyldne.

# *Gulerods- og valnøddekager*

Dag 48

6 oz/¾ kop/175 g smør eller margarine, blødgjort

100 g/4 oz/½ kop sødt brun farin

50 g/2 oz/¼ kop granuleret sukker

1 æg, let pisket

225 g/8 oz/2 kopper almindeligt mel (all-purpose)

5 ml/1 tsk bagepulver

2,5 ml/½ tsk salt

100 g/4 oz/½ kop kogt gulerodspuré

100 g/4 oz/1 kop hakkede valnødder

Pisk smør eller margarine og sukker let og luftigt. Tilsæt gradvist ægget og tilsæt mel, bagepulver og salt. Tilsæt gulerødder og hakkede valnødder. Kom små skefulde på en smurt bageplade og bag i den forvarmede ovn ved 200°C/400°F/termostat 6 i 10 minutter.

# *Orange glaserede gulerods- og valnøddekager*

Dag 48

Til cookies (kiks):

6 oz/¾ kop/175 g smør eller margarine, blødgjort

100 g/4 oz/½ kop granuleret sukker

50 g/2 oz/¼ kop sødt brun farin

1 æg, let pisket

225 g/8 oz/2 kopper almindeligt mel (all-purpose)

5 ml/1 tsk bagepulver

2,5 ml/½ tsk salt

5 ml/1 tsk vaniljeessens (ekstrakt)

100 g / 4 oz / ½ kop kogt gulerodspuré

100 g/4 oz/1 kop hakkede valnødder

Til glasur (frosting):

1 kop/6 oz/175 g pulveriseret (konditorsukker), sigtet

10 ml/2 tsk revet appelsinskal

30 ml/2 spsk appelsinjuice

Til småkagerne piskes smør eller margarine og sukker til det er let og luftigt. Tilsæt gradvist ægget og tilsæt mel, bagepulver og salt. Tilsæt creme, gulerodspuré og valnødder. Kom små skefulde på en smurt bageplade og bag i den forvarmede ovn ved 200°C/400°F/termostat 6 i 10 minutter.

For at lave glasuren, put flormelis i en skål, tilsæt appelsinskallen og lav en brønd i midten. Kog appelsinsaften gradvist op, indtil du får en glat, men ret tyk glasur. Fordel på cookies, mens de stadig er varme, kolde og hærdede.

# *kirsebær cookies*

Dag 48

100 g/4 oz/½ kop smør eller margarine, blødgjort

100 g/4 oz/½ kop granuleret sukker

1 sammenpisket æg

5 ml/1 tsk vaniljeessens (ekstrakt)

225 g/8 oz/2 kopper almindeligt mel (all-purpose)

2 oz/50 g/¼ kop glaserede (kandiserede) kirsebær, hakket

Pisk smør eller margarine og sukker let og luftigt. Tilsæt gradvist æg og vaniljeessens, tilsæt derefter mel og kirsebær og ælt indtil du får en homogen dej. Form en kugle, pak den ind i plastfolie og stil den på køl i 1 time.

Rul dejen ud til ¼/5 mm tykkelse og skær skiver ud med en udstikker. Placer på en smurt bageplade og bag i en forvarmet ovn ved 200°C/400°F/termostat 6 i 10 minutter, indtil de er gyldenbrune. Lad den køle af på bagepladen i 5 minutter, før den tages ud på en rist for at afslutte afkølingen.

# Kirsebær- og mandelringe

give 24

100 g/4 oz/½ kop smør eller margarine, blødgjort

100 g/4 oz/½ kop granuleret sukker (ekstra fint) plus ekstra til aftørring

1 æg, adskilt

225 g/8 oz/2 kopper almindeligt mel (all-purpose)

5 ml/1 tsk bagepulver

5 ml/1 tsk revet citronskal

60 ml/4 spsk. kandiserede kirsebær

2 oz/½ kop/50 g skårne mandler (hakkede)

Pisk smør eller margarine og sukker let og luftigt. Pisk gradvist æggeblommen i, og tilsæt derefter mel, bagepulver, citronskal og kirsebær. Afslut med hænderne, indtil blandingen er samlet. Rul ud til en ¼/5 mm skive og skær 2¼/6 cm cirkler ud med en kageudstikker, og skær derefter centrerne ud med en ¾/2 cm kageudstikker. Læg forsigtigt småkagerne på en smurt bageplade og prik dem med en gaffel. Bages i en forvarmet ovn ved 180°C/350°F/termostat 4 i 10 minutter. Pensl med æggehvide og drys med mandler og sukker, og sæt derefter tilbage i ovnen i yderligere 5 minutter, indtil de er let brunede.

# *Chokolade smør cookies*

give 24

100 g/4 oz/½ kop smør eller margarine

50 g/2 oz/¼ kop granuleret sukker

100 g/4 oz/1 kop selvhævende mel

30 ml/2 spsk kakaopulver (usødet chokolade).

Pisk smør eller margarine og sukker let og luftigt. Bland mel og kakao til du får en fast dej. Form til store kugler på størrelse med valnød og læg dem med stor afstand på en smurt bageplade, og flad dem derefter lidt med en gaffel. Bag småkagerne (kiks) i den forvarmede ovn ved 180°C i 15 minutter, indtil de er gyldne.

# *Chokolade og kirsebærruller*

give 24

100 g/4 oz/½ kop smør eller margarine, blødgjort

100 g/4 oz/½ kop granuleret sukker

1 æg

2,5 ml/½ tsk vaniljeessens (ekstrakt)

225 g/8 oz/2 kopper almindeligt mel (all-purpose)

5 ml/1 tsk bagepulver

en knivspids salt

25 g/1 oz/¼ kop kakaopulver (usødet chokolade).

1 oz/25 g/2 spsk glaserede kirsebær (kandiserede), hakket

Pisk smør og sukker lyst og luftigt. Tilsæt gradvist æg og vaniljeessens, og bland derefter mel, bagepulver og salt i, indtil du har en fast dej. Del dejen i to og bland kakaoen på den ene side og kirsebærene på den anden. Pak ind i aluminiumsfolie (plastfilm) og sæt i køleskabet i 30 minutter.

Rul hvert stykke dej til et ca. 1/8/3 mm tykt rektangel, læg dem oven på hinanden og tryk forsigtigt med en kagerulle. Rul den længere side op og tryk forsigtigt. Skær i 1/2 cm tykke skiver og fordel dem enkeltvis på en smurt bageplade. Bages i en forvarmet ovn ved 200°C/400°F/termostat 6 i 10 minutter.

# Chokoladechip kager

give 24

75 g/3 oz/1/3 kop smør eller margarine

175 g/6 oz/1½ kopper almindeligt mel (all-purpose)

5 ml/1 tsk bagepulver

knivspids bagepulver (bagepulver)

50 g/2 oz/¼ kop sødt brun farin

45 ml/3 spsk gylden sirup (lys majs)

100 g/4 oz/1 kop chokoladechips

Smør eller margarine gnides med mel, bagepulver og natron, indtil blandingen minder om brødkrummer. Tilsæt sukker, sirup og chokoladechips og bland til en jævn masse. Form til kugler og læg dem på en smurt bageplade, tryk let for at flade. Bag kagerne i ovnen forvarmet til 190°C/termostat 5 i 15 minutter, indtil de er gyldne.

# *Chokolade og banan cookies*

give 24

75 g/3 oz/1/3 kop smør eller margarine

175 g/6 oz/1½ kopper almindeligt mel (all-purpose)

5 ml/1 tsk bagepulver

2,5 ml/½ teskefuld bagepulver (bagepulver)

50 g/2 oz/¼ kop sødt brun farin

45 ml/3 spsk gylden sirup (lys majs)

50 g/2 oz/½ kop chokoladechips

2 oz/½ kop/50 g tørrede bananchips, groft hakket

Smør eller margarine gnides med mel, bagepulver og natron, indtil blandingen minder om brødkrummer. Tilsæt sukker, sirup, chokolade og bananchips og bland indtil du får en homogen dej. Form til kugler og læg dem på en smurt bageplade, tryk let for at flade. Bag kagerne i ovnen forvarmet til 190°C/termostat 5 i 15 minutter, indtil de er gyldne.

# Chokolade og nøddebid

give 24

2 oz/¼ kop/50 g smør eller margarine, blødgjort

175 g/6 oz/¾ kop granuleret sukker

1 æg

5 ml/1 tsk vaniljeessens (ekstrakt)

1 oz/25 g/¼ kop naturlig chokolade (halvsød), smeltet

100 g/4 oz/1 kop almindeligt mel (all-purpose)

5 ml/1 tsk bagepulver

en knivspids salt

30 ml/2 spsk mælk

25 g/1 oz/¼ kop hakkede valnødder

Pulversukker (konfekture), sigtet, til drys

Pisk smør eller margarine og flormelis til det er lyst og luftigt. Tilsæt gradvist æg og vaniljeessens, og tilsæt derefter chokoladen. Bland mel, gær og salt og tilsæt til blandingen skiftevis med mælken. Tilsæt nødderne, læg låg på og stil på køl i 3 timer.

Rul blandingen til 3 cm/1½ kugler og rul dem i flormelis. Læg på en let smurt bageplade og bag i en forvarmet ovn ved 180°C i 15 minutter, indtil de er let brunede. Server drysset med flormelis.

# *Amerikanske chokoladebarer*

give 20

225 g/8 oz/1 kop spæk (forkortet)

225 g/8 oz/1 kop sødt brun farin

100 g/4 oz/½ kop granuleret sukker

5 ml/1 tsk vaniljeessens (ekstrakt)

2 æg, let pisket

175 g/6 oz/1½ kopper almindeligt mel (all-purpose)

5 ml/1 tsk salt

5 ml/1 tsk bagepulver (bagepulver)

225 g/8 oz/2 kopper havre

350 g/12 oz/3 kopper chokoladechips

Pisk smør, sukker og creme til det er lyst og luftigt. Tilsæt æggene lidt efter lidt. Tilsæt mel, salt, bagepulver og havre, og tilsæt derefter chokoladechipsene. Læg skefulde af blandingen på en smurt bageplade og bag i den forvarmede ovn ved 180°C/350°F/termostat 4 i ca. 10 minutter, indtil de er gyldenbrune.

# *chokoladecremer*

give 24

6 oz/¾ kop/175 g smør eller margarine, blødgjort

175 g/6 oz/¾ kop granuleret sukker

225 g/8 oz/2 kopper selvhævende mel (hævet)

75 g/3 oz/¾ kop revet kokosnød (revet)

4 oz/100 g knuste cornflakes

25 g/1 oz/¼ kop kakaopulver (usødet chokolade).

60 ml/4 spsk kogende vand

100 g/4 oz/1 kop naturlig chokolade (halvsød)

Pisk smør eller margarine og sukker og tilsæt mel, kokos og cornflakes. Tilsæt kakaoen til det kogende vand og tilsæt derefter blandingen. Form 1/2 cm kugler, læg dem på en smurt bageplade og tryk let med en gaffel. Bages i en forvarmet ovn ved 180°C/350°F/termostat 4 i 15 minutter, indtil de er gyldenbrune.

Smelt chokoladen i en varmefast skål over kogende vand. Fordel halvdelen af småkagerne (kiks) ovenpå og tryk den anden halvdel. Lad afkøle.

# Chokolade- og hasselnøddekager

Dag 16

200 g/7 oz/ca. 1 kop smør eller margarine, blødgjort

50 g/2 oz/¼ kop granuleret sukker

100 g/4 oz/½ kop sødt brun farin

10 ml/2 tsk vaniljeessens (ekstrakt)

1 sammenpisket æg

275 g/10 oz/2½ kopper almindeligt mel (all-purpose)

50 g/2 oz/½ kop kakaopulver (usødet chokolade).

5 ml/1 tsk bagepulver

75 g/3 oz/¾ kop hasselnødder

8 oz/225 g/2 kopper hvid chokolade, hakket

Pisk smør eller margarine, sukker og vaniljeessens let og luftigt og tilsæt ægget. Tilsæt mel, kakao og bagepulver. Tilsæt nødder og chokolade indtil det er blandet. Form til 16 kugler og fordel jævnt på en beklædt og smurt bageplade, og flad derefter lidt med bagsiden af en ske. Bages i en forvarmet ovn ved 160°C/325°F/termostat 3 i ca. 15 minutter, indtil den er sat, men stadig lidt blød.

# Chokolade og muskatnød cookies

give 24

2 oz/¼ kop/50 g smør eller margarine, blødgjort

100 g/4 oz/½ kop granuleret sukker

15 ml/1 spsk kakaopulver (usødet chokolade).

1 æggeblomme

2,5 ml/½ tsk vaniljeessens (ekstrakt)

150 g/5 oz/1¼ kopper almindeligt mel (all-purpose)

5 ml/1 tsk bagepulver

En knivspids revet muskatnød

60 ml/4 spsk. creme fraiche

Pisk smør eller margarine og sukker let og luftigt. Tilsæt kakaoen. Pisk blommen og vaniljeessensen og tilsæt mel, bagepulver og muskatnød. Tilsæt fløden til den er glat. Dæk til og stil på køl.

Rul dejen ud til en tykkelse på ¼/5 mm og skær den ud med en 2/5 cm udstikker. Læg småkagerne på en usmurt bageplade og bag dem i en forvarmet ovn ved 200°C/400°F/termostat 6 i 10 minutter, indtil de er gyldenbrune.

# Småkager overtrukket med chokolade

Dag 16

6 oz/¾ kop/175 g smør eller margarine, blødgjort

75 g/3 oz/1/3 kop granuleret sukker

175 g/6 oz/1½ kopper almindeligt mel (all-purpose)

50 g/2 oz/½ kop malet ris

75 g/3 oz/¾ kop chokoladechips

100 g/4 oz/1 kop naturlig chokolade (halvsød)

Pisk smør eller margarine og sukker let og luftigt. Tilsæt mel og malede ris og ælt chokoladestykkerne. Pres ned i en smurt rulleform (kageface) og prik med en gaffel. Bages i en forvarmet ovn ved 160°C/325°F/termostat 3 i 30 minutter, indtil de er gyldenbrune. Markér på fingrene, mens de stadig er varme, og lad dem køle helt af.

Smelt chokoladen i en varmefast skål over kogende vand. Fordel det over småkagerne og lad det køle af og hvile inden du skærer det med fingrene. Opbevares i en lufttæt beholder.

# Kaffe og chokolade sandwich cookies

give 40

Til cookies (kiks):

175 g/6 oz/¾ kop smør eller margarine

25 g / 1 oz / 2 spsk silava (forkortet)

450 g/1 lb/4 kopper almindeligt mel (all-purpose)

en knivspids salt

100 g/4 oz/½ kop sødt brun farin

5 ml/1 tsk bagepulver (bagepulver)

60 ml/4 spsk stærk sort kaffe

5 ml/1 tsk vaniljeessens (ekstrakt)

100 g/4 oz/1/3 kop gylden sirup (lys majs)

Til påfyldning:

10 ml/2 tsk instant kaffepulver

10 ml/2 tsk kogende vand

50 g/2 oz/¼ kop granuleret sukker

25 g/1 oz/2 spsk smør eller margarine

15 ml/1 spsk mælk

Til småkagerne fordeles smør eller margarine og spæk med mel og salt, indtil blandingen ligner brødkrummer, og tilsæt derefter brun farin. Bland bagepulver med en lille mængde kaffe, tilsæt den resterende kaffe, vaniljeessens og sirup og bland indtil du får en jævn pasta. Læg i en let smurt skål, dæk med plastfolie (husholdningsfilm) og lad stå natten over.

Rul dejen ud på en let meldrysset overflade til en tykkelse på ca. ½/1 cm og skær den i to ¾ x 3/7,5 cm firkanter. Prik hver med en gaffel for at skabe et rygmønster. Overfør til en smurt bageplade og bag i en forvarmet ovn ved 200°C/400°F/termostat 6 i 10 minutter, indtil de er gyldenbrune. Lad afkøle på en rist.

Til fyldet opløses kaffepulveret i kogende vand i en lille gryde, de øvrige ingredienser blandes i og koges op. Kog i 2 minutter, tag derefter af varmen og pisk, indtil det er tyknet og afkølet. Sandwich på småkager med fyld.

## *julesmåkager*

give 24

100 g/4 oz/½ kop smør eller margarine, blødgjort

100 g/4 oz/½ kop granuleret sukker

225 g/8 oz/2 kopper almindeligt mel (all-purpose)

en knivspids salt

5 ml/1 tsk stødt kanel

1 æggeblomme

10 ml/2 tsk koldt vand

Et par dråber vaniljeessens (ekstrakt)

Til glasur (frosting):
8 oz/11/3 kopper/225 g pulveriseret (konditorsukker), sigtet

30 ml/2 spsk vand

madfarve (valgfrit)

Pisk smør og sukker lyst og luftigt. Tilsæt mel, salt og kanel, tilsæt derefter æggeblomme, vand og vaniljeekstrakt og rør, indtil du har en fast dej. Pak ind i plastfolie og stil på køl i 30 minutter.

Rul dejen ud til ¼/5 mm tykkelse og skær juledesigns ud med en kageudstikker eller skarp kniv. Prik et hul i toppen af hver kage, hvis du vil hænge dem på et træ. Sæt formene på en smurt bageplade og bag dem i den forvarmede ovn ved 200°C/400°F/termostat 6 i 10 minutter, indtil de er gyldne. Lad afkøle.

Tilsæt gradvist vand til pulveriseret sukker, indtil glasuren er ret tyk. Mal en lille mængde med forskellige farver, hvis du vil. Læg mønstrene på småkagerne og lad dem stivne. Træk en løkke af bånd eller tråd gennem det hængende hul.

# *kokos cookies*

Dag 32

50 g/2 oz/3 spsk gylden sirup (lys majs)

2/3 kop/5 oz/150 g smør eller margarine

100 g/4 oz/½ kop granuleret sukker

100 g/4 oz/1 kop almindeligt mel (all-purpose)

75 g/3 oz/¾ kop havre

50 g/2 oz/½ kop revet kokosnød (revet)

10 ml/2 tsk bagepulver (bagepulver)

15 ml/1 spsk varmt vand

Smelt sirup, smør eller margarine og sukker. Tilsæt mel, havregryn og revet kokos. Bland bagepulver med det varme vand, og tilsæt derefter resten af ingredienserne. Lad blandingen køle lidt af, og del den derefter i 32 portioner og form hver til en kugle. Småkagerne (kiks) flades og lægges på en smurt bageplade. Bages i en forvarmet ovn ved 160°C/325°F/termostat 3 i 20 minutter, indtil de er gyldenbrune.

# Majs cookies med frugtcreme

give 12

150 g/5 oz/1¼ kop fuldkornshvedemel

150 g/5 oz/1¼ kop majsmel

10 ml / 2 tsk bagepulver

en knivspids salt

225 g/8 oz/1 kop almindelig yoghurt

75 g/3 oz/¼ kop lys honning

2 æg

45 ml/3 spsk olie

Til frugtcremen:

2/3 kop/5 oz/150 g smør eller margarine, blødgjort

saft af 1 citron

Et par dråber vaniljeessens (ekstrakt)

30 ml/2 spsk fint sukker

225 g/8 oz jordbær

Bland mel, majsmel, bagepulver og salt. Tilsæt yoghurt, honning, æg og olie og bland indtil du får en homogen dej. På en let meldrysset overflade rulles en kagerulle ud i ca. 1/2 cm tykkelse og skæres i store cirkler. Læg dem på en smurt bageplade og bag i en forvarmet ovn ved 200°C/400°F/termostat 6 i 15 minutter, indtil de er gyldenbrune.

For at lave frugtcremen blandes smør eller margarine, citronsaft, vaniljesukker og sukker. Reserver et par jordbær til at pynte, hak resten og passer gennem en si, hvis du ønsker en frøfri creme (sten). Tilsæt smørblandingen og lad afkøle. Før servering fordeles eller fordeles en roset fløde over hver småkage.

# Cornish kiks

give 20

225 g/8 oz/2 kopper selvhævende mel (hævet)

en knivspids salt

100 g/4 oz/½ kop smør eller margarine

2/3 kop/6 oz/175 g granuleret sukker

1 æg

Pulversukker (konfekture), sigtet, til drys

Bland mel og salt i en skål og pisk smør eller margarine i, indtil blandingen ligner brødkrummer. Bland sukkeret. Tilsæt ægget og ælt til du får en jævn dej. Rul tyndt ud på en meldrysset overflade og skær derefter i skiver.

Læg dem på en smurt bageplade og bag dem i den forvarmede ovn ved 200°C/400°F/termostat 6 i ca. 10 minutter, indtil de er gyldenbrune.

# *Fuldkornskiks med rosiner*

Dag 36

100 g/4 oz/½ kop smør eller margarine, blødgjort

50 g/2 oz/¼ kop demerara sukker

2 æg, adskilt

100 g/4 oz/2/3 kopper rosiner

225 g/8 oz/2 kopper fuldkornshvedemel

100 g/4 oz/1 kop almindeligt mel (all-purpose)

5 ml/1 tsk. hakkede krydderier (æblekage)

¼ pt/150 ml/2/3 kop mælk plus yderligere børstning

Pisk smør eller margarine og sukker let og luftigt. Pisk æggeblommerne og tilsæt ribs. Bland mel og krydderiblanding og tilsæt mælkeblanding. Pisk æggehviderne jævne, og vend dem derefter ind i blandingen til en blød dej. Rul dejen ud på en let meldrysset arbejdsflade og skær den derefter ud med en 5 cm/2 tommer kagedåse. Læg dem på en smurt bageplade og pensl med mælk. Bages i en forvarmet ovn ved 180°C/350°F/termostat 4 i 20 minutter, indtil de er gyldenbrune.

# *Daddelsandwich cookies*

Giv det 30

8 oz/1 kop smør eller margarine, blødgjort

450 g/1 lb/2 kopper sødt brun farin

225 g/8 oz/2 kopper havregryn

225 g/8 oz/2 kopper almindeligt mel (all-purpose)

2,5 ml/½ teskefuld bagepulver (bagepulver)

en knivspids salt

120 ml/4 oz/½ kop mælk

2 kopper/8 oz/225 g udstenede dadler (udstenede), meget fint hakket

250 ml / 8 fl oz / 1 kop vand

Pisk smør eller margarine og halvdelen af sukkeret let og luftigt. Bland de tørre ingredienser og tilsæt flødeskummet skiftevis med mælken, indtil der dannes en fast dej. Rul ud på en let meldrysset overflade og skær i runde stykker med en kageudstikker. Læg dem på en smurt bageplade og bag dem i en forvarmet ovn ved 180°C/350°F/termostat 4 i 10 minutter, indtil de er gyldenbrune.

Kom alle de øvrige ingredienser i en gryde og bring det i kog. Reducer varmen og lad det simre i 20 minutter, indtil det er tyknet, og rør af og til. Lad afkøle. Fordel fyldet over cookies.

# *Fordøjelseskiks (Graham-kiks)*

give 24

175 g/6 oz/1½ kop fuldkornshvedemel

50 g/2 oz/½ kop almindeligt mel (all-purpose)

50 g/2 oz/½ kop medium havre

2,5 ml/½ tsk salt

5 ml/1 tsk bagepulver

100 g/4 oz/½ kop smør eller margarine

30 ml/2 spsk brun farin

60 ml/4 spsk mælk

Bland mel, havregryn, salt og bagepulver, tilsæt smør eller margarine og tilsæt sukker. Tilsæt gradvist mælken og bland indtil du får en jævn dej. Ælt godt, indtil det ikke længere er klistret. Rul ud til 5 mm/¼ tykkelse og skær i 5 cm/2 skiver med en udstikker. Læg på en smurt bageplade og bag i den forvarmede ovn ved 180°C/350°F/termostat 4 i ca. 15 minutter.

# *påske cookies*

give 20

75 g/3 oz/1/3 kop smør eller margarine, blødgjort

100 g/4 oz/½ kop granuleret sukker

1 æggeblomme

150 g/6 oz/1½ kopper selvhævende mel (hævet)

5 ml/1 tsk. hakkede krydderier (æblekage)

15 ml/1 spiseskefuld hakket blandet skind (kandiseret)

50 g/2 oz/1/3 kop rosiner

15 ml/1 spsk mælk

Pulversukker (ekstra fint) til drys

Pisk smør eller margarine og sukker til skum. Pisk blommen og tilsæt mel og krydderier. Tilsæt skal, ribs og nok mælk til at lave en fast dej. Rul ud til en tykkelse på ca. 5 mm/¼ og skær i 5 cm/2 skiver med en udstikker. Læg småkagerne på en smurt bageplade og prik dem med en gaffel. Bages i en forvarmet ovn ved 180°C/350°F/termostat 4 i ca. 20 minutter, indtil de er gyldenbrune. Drys den med sukker.

# *florentinere*

give 40

100 g/4 oz/½ kop smør eller margarine

100 g/4 oz/½ kop granuleret sukker

15 ml/1 spsk tung creme

100 g/4 oz/1 kop hakkede valnødder

75 g/3 oz/½ kop rosiner (gyldne rosiner)

50 g/2 oz/¼ kop glaserede kirsebær (kandiserede)

Smelt smør eller margarine, sukker og fløde i en gryde ved svag varme. Fjern fra varmen og tilsæt valnødder, rosiner og krystalkirsebær. Kom teskefulde på en bageplade med rispapir. Bages i en forvarmet ovn ved 180°C/termostat 4 i 10 minutter. Lad afkøle på plader i 5 minutter, overfør derefter til en rist for at afkøle helt og fjern overskydende rispapir.

# *florentinsk chokolade*

give 40

100 g/4 oz/½ kop smør eller margarine

100 g/4 oz/½ kop granuleret sukker

15 ml/1 spsk tung creme

100 g/4 oz/1 kop hakkede valnødder

75 g/3 oz/½ kop rosiner (gyldne rosiner)

50 g/2 oz/¼ kop glaserede kirsebær (kandiserede)

100 g/4 oz/1 kop naturlig chokolade (halvsød)

Smelt smør eller margarine, sukker og fløde i en gryde ved svag varme. Fjern fra varmen og tilsæt valnødder, rosiner og krystalkirsebær. Kom teskefulde på en bageplade med rispapir. Bages i en forvarmet ovn ved 180°C/termostat 4 i 10 minutter. Lad afkøle på plader i 5 minutter, overfør derefter til en rist for at afkøle helt og fjern overskydende rispapir.

Smelt chokoladen i en varmefast skål sat over kogende vand. Fordel det over småkagerne og lad det køle af og hvile.

# Luksus florentinsk chokolade

give 40

100 g/4 oz/½ kop smør eller margarine

100 g/4 oz/½ kop sødt brun farin

15 ml/1 spsk tung creme

50 g/2 oz/¼ kop skårne mandler

50 g hakkede hasselnødder

75 g/3 oz/½ kop rosiner (gyldne rosiner)

50 g/2 oz/¼ kop glaserede kirsebær (kandiserede)

100 g/4 oz/1 kop naturlig chokolade (halvsød)

50 g/2 oz/½ kop hvid chokolade

Smelt smør eller margarine, sukker og fløde i en gryde ved svag varme. Fjern fra varmen og tilsæt valnødder, rosiner og krystalkirsebær. Kom teskefulde på en bageplade med rispapir. Bages i en forvarmet ovn ved 180°C/termostat 4 i 10 minutter. Lad afkøle på plader i 5 minutter, overfør derefter til en rist for at afkøle helt og fjern overskydende rispapir.

Smelt den mørke chokolade i en varmefast skål sat over kogende vand. Fordel det over småkagerne og lad det køle af og hvile. I en ren skål smeltes den hvide chokolade på samme måde, og derefter hældes den hvide chokolade tilfældigt over småkagerne.

## Fudge og nøddekager

Giv det 30

75 g/3 oz/1/3 kop smør eller margarine, blødgjort

200 g/7 oz/ kun 1 kop granuleret sukker

1 æg, let pisket

100 g/4 oz/½ kop hytteost

5 ml/1 tsk vaniljeessens (ekstrakt)

150 g/5 oz/1¼ kopper almindeligt mel (all-purpose)

25 g/1 oz/¼ kop kakaopulver (usødet chokolade).

2,5 ml/½ tsk bagepulver

1,5 ml/¼ teskefuld bagepulver (bagepulver)

en knivspids salt

25 g/1 oz/¼ kop hakkede valnødder

25 g / 1 oz / 2 spsk granuleret sukker

Pisk smør eller margarine og flormelis til det er lyst og luftigt. Tilsæt gradvist ægget og hytteosten. Bland resten af ingredienserne undtagen perlesukkeret og bland indtil du får en blød dej. Pak ind i alufolie (plastfilm) og sæt i køleskabet i 1 time.

Rul dejen til kugler på størrelse med valnødde og rul dem i perlesukker. Læg småkagerne på en smurt bageplade og bag dem i en forvarmet ovn ved 180°C/350°F/termostat 4 i 10 minutter.

## *tyske paller*

give 12

2 oz/¼ kop/50 g smør eller margarine

100 g/4 oz/1 kop almindeligt mel (all-purpose)

25 g / 1 oz / 2 spsk granuleret sukker

60 ml/4 spsk brombærsyltetøj (gemt)

2/3 kop/100 g (konditorer) pulveriseret sukker, sigtet

15 ml / 1 spsk citronsaft

Gnid smørret ind i melet, indtil blandingen ligner brødkrummer. Tilsæt sukker og pres pastaen. Rul ud til ¼/5 mm tykkelse og skær i skiver med en udstikker. Placer på en smurt bageplade og bag i en forvarmet ovn ved 180°C/350°F/termostat 6 i 10 minutter, indtil den er afkølet. Lad afkøle.

Sandwich på småkager med marmelade. Kom flormelis i en skål og lav en brønd i midten. Tilsæt gradvist citronsaften for at lave glasuren. Hæld kagerne over og lad dem stivne.

# *Ingefær kage*

give 24

10 oz/300 g/1¼ kopper smør eller margarine, blødgjort

225 g/8 oz/1 kop sødt brun farin

75 g/3 oz/¼ kop mørk sirup (melasse)

1 æg

2¼ kopper/250 g almindeligt mel (all-purpose)

10 ml/2 tsk bagepulver (bagepulver)

2,5 ml/½ tsk salt

5 ml/1 tsk malet ingefær

5 ml/1 tsk stødt nelliker

5 ml/1 tsk stødt kanel

50 g/2 oz/¼ kop granuleret sukker

Pisk smør eller margarine, brun farin, sirup og æg til skum. Bland mel, sodavand, salt og krydderier. Tilsæt smørblandingen og ælt til du har en fast dej. Dæk til og stil på køl i 1 time.

Lav kugler med dejen og rul dem i melis. Læg godt på en smurt bageplade og drys med lidt vand. Bages i en forvarmet ovn ved 190°C i 12 minutter, indtil de er gyldne og sprøde.

## *ingefær cookies*

give 24

100 g/4 oz/½ kop smør eller margarine

225 g/8 oz/2 kopper selvhævende mel (hævet)

5 ml/1 tsk bagepulver (bagepulver)

5 ml/1 tsk malet ingefær

100 g/4 oz/½ kop granuleret sukker

45 ml/3 spsk. gylden sirup (lette majs), opvarmet

Gnid smørret eller margarinen ind i mel, bagepulver og ingefær. Tilsæt sukker, tilsæt siruppen og rør til du får en fast dej. På en smurt bageplade ruller du kugler i valnøddestørrelse med god afstand og tryk let med en gaffel. Bag småkagerne (kiks) i den forvarmede ovn ved 190°C/375°F/termostat 5 i 10 minutter.

# *kagemand*

omkring 16 siden

350 g/12 oz/3 kopper selvhævende mel (hævet)

en knivspids salt

10 ml/2 tsk malet ingefær

100 g/4 oz/1/3 kop gylden sirup (lys majs)

75 g/3 oz/1/3 kop smør eller margarine

25 g / 1 oz / 2 spsk granuleret sukker

1 æg, let pisket

Nogle ribs (valgfrit)

Bland mel, salt og ingefær. Smelt sirup, smør eller margarine og sukker i en gryde. Lad afkøle let, tilsæt de tørre ingredienser med ægget og rør til du får en fast dej. Rul ud på en let meldrysset overflade til ¼/5 mm tykkelse og skær med en udstikker. Mængden, der skal tilberedes, afhænger af størrelsen af jordbærene. Læg dem på en let smurt bageplade og tryk forsigtigt ind i ribs cookies for øjne og bumser, hvis det ønskes. Bages i en forvarmet ovn ved 180°C/350°F/termostat 4 i 15 minutter, indtil de er gyldne og faste.

# Fuldkorns ingefær cookies

give 24

200 g/7 oz/1¾ kopper fuldkornshvedemel

10 ml / 2 tsk bagepulver

10 ml/2 tsk malet ingefær

100 g/4 oz/½ kop smør eller margarine

50 g/2 oz/¼ kop sødt brun farin

60 ml/4 spsk lys honning

Bland mel, bagepulver og ingefær. Smelt smør eller margarine med sukker og honning, tilsæt derefter de tørre ingredienser og bland, indtil du har en fast dej. Rul ud på en meldrysset arbejdsflade og skær skiver ud med en kagedåse. Lægges på en smurt bageplade og bages i en forvarmet ovn ved 190°C/termostat 5 i 12 minutter, til overfladen er gylden og sprød.

# *Honningkager og rissmåkager*

give 12

225 g/8 oz/2 kopper almindeligt mel (all-purpose)

2,5 ml/½ tsk malet muskatblomme

10 ml/2 tsk malet ingefær

75 g/3 oz/1/3 kop smør eller margarine

175 g/6 oz/¾ kop granuleret sukker

1 sammenpisket æg

5 ml/1 tsk citronsaft

30 ml/2 spsk. malet ris

Bland mel og krydderier, tilsæt smør eller margarine, indtil blandingen ligner brødkrummer, og tilsæt sukker. Bland ægget og citronsaften til en fast dej og ælt forsigtigt til det er glat. Drys arbejdsfladen med malede ris og rul dejen ud til en tykkelse på 1/2 cm. Skær med en kageudstikker i 5 cm/2 stykker. Placer på en smurt bageplade og bag i en forvarmet ovn ved 180°C/350°F/termostat 4 i 20 minutter, indtil den er fast.

# gyldne småkager

Dag 36

75 g/3 oz/1/3 kop smør eller margarine, blødgjort

200 g/7 oz/ kun 1 kop granuleret sukker

2 æg, let pisket

225 g/8 oz/2 kopper almindeligt mel (all-purpose)

10 ml / 2 tsk bagepulver

5 ml/1 tsk revet muskatnød

en knivspids salt

Æg eller mælk til frysning

Pulversukker (ekstra fint) til drys

Pisk smør eller margarine og sukker til skum. Tilsæt gradvist æggene, tilsæt derefter mel, bagepulver, muskatnød og salt og bland indtil du har en jævn dej. Dæk til og lad hvile i 30 minutter.

Rul dejen ud på en let meldrysset overflade til ca. ¼/5 mm tykkelse og skær den i skiver med en udstikker. Læg dem på en smurt bageplade, pensl med æg eller mælk og drys med sukker. Bages i forvarmet ovn ved 200°C/400°F/termostat 6 i 8-10 minutter, indtil de er gyldenbrune.

# *hasselnødde cookies*

give 24

100 g/4 oz/½ kop smør eller margarine, blødgjort

50 g/2 oz/¼ kop granuleret sukker

100 g/4 oz/1 kop almindeligt mel (all-purpose)

25 g/1 oz/¼ kop malede hasselnødder

Pisk smør eller margarine og sukker let og luftigt. Tilsæt gradvist mel og nødder, indtil dejen er fast. Form dem til kugler og læg dem på en smurt bageplade. Bag kagerne i ovnen forvarmet til 180°C/termostat 4 i 20 minutter.

# Sprøde hasselnøddekager

give 40

100 g/4 oz/½ kop smør eller margarine, blødgjort

100 g/4 oz/½ kop granuleret sukker

1 sammenpisket æg

5 ml/1 tsk vaniljeessens (ekstrakt)

175 g/6 oz/1½ kopper almindeligt mel (all-purpose)

50 g/2 oz/½ kop malede hasselnødder

50 g hakkede hasselnødder

Pisk smør eller margarine og sukker let og luftigt. Tilsæt gradvist æg og vaniljeessens, tilsæt derefter mel, hasselnøddepulver og hasselnødder og ælt indtil du får en dej. Form en kugle, pak den ind i plastfolie og stil den på køl i 1 time.

Rul dejen ud til ¼/5 mm tykkelse og skær skiver ud med en udstikker. Placer på en smurt bageplade og bag i en forvarmet ovn ved 200°C/400°F/termostat 6 i 10 minutter, indtil de er gyldenbrune.

# *Hasselnødde- og mandelkager*

give 24

100 g/4 oz/½ kop smør eller margarine, blødgjort

3 oz/75 g/½ kop pulveriseret (konditorsukker), sigtet

50 g/2 oz/1/3 kop malede hasselnødder

50 g/2 oz/1/3 kop malede mandler

100 g/4 oz/1 kop almindeligt mel (all-purpose)

5 ml/1 tsk mandelessens (ekstrakt)

en knivspids salt

Pisk smør eller margarine og sukker let og luftigt. Bland resten af ingredienserne, indtil du får en fast pasta. Form til en kugle, dæk med plastfolie og stil på køl i 30 minutter.

Rul dejen ud til en tykkelse på ca 1/2 cm og skær skiver ud med en kageudstikker. Læg dem på en smurt bageplade og bag dem i en forvarmet ovn ved 180°C/350°F/termostat 4 i 15 minutter, indtil de er gyldenbrune.

# *Honningkager*

give 24

75 g/3 oz/1/3 kop smør eller margarine

100 g/4 oz/1/3 kop honning

225 g/8 oz/2 kopper fuldkornshvedemel

5 ml/1 tsk bagepulver

en knivspids salt

2 oz/¼ kop/50 g muscovadosukker

5 ml/1 tsk stødt kanel

1 æg, let pisket

Smelt smør eller margarine og honning til det er blandet. Bland de øvrige ingredienser. Læg skefulde af blandingen på en smurt bageplade og bag i den forvarmede ovn ved 180°C/350°F/termostat 4 i 15 minutter, indtil den er gyldenbrun. Lad afkøle i 5 minutter, før den tages ud på en rist for at afslutte afkølingen.

## *ratafia honning*

give 24

2 æggehvider

100 g/4 oz/1 kop malede mandler

Et par dråber mandelessens (ekstrakt)

100 g/4 oz/1/3 kop naturlig honning

rispapir

Pisk æggehviderne, indtil der dannes stive toppe. Tilsæt forsigtigt mandler, mandelessens og honning. Læg skefulde af blandingen på en bageplade beklædt med rispapir og bag dem i en forvarmet ovn ved 180°C/350°F/termostat 4 i 15 minutter, indtil de er gyldenbrune. Lad det køle lidt af og fjern derefter papiret.

# Kærnemælk og honningkager

give 12

2 oz/¼ kop/50 g smør eller margarine

225 g/8 oz/2 kopper selvhævende mel (hævet)

175 ml / 6 fl oz / ¾ kop kærnemælk

45 ml/3 spsk lys honning

Ælt smør eller margarine med melet, indtil blandingen minder om brødkrummer. Kombiner kærnemælk og honning og bland indtil du har en fast pasta. Placer på en let meldrysset overflade og ælt indtil glat, rul derefter ud til ¾/2 cm tykkelse og skær i 2/5 cm cirkler med en udstikker. Læg dem på en smurt bageplade og bag dem i en forvarmet ovn ved 230°C/450°F/termostat 8 i 10 minutter, indtil de er gyldenbrune.

# *Lemon Butter Cookies*

give 20

100 g/4 oz/1 kop malet ris

100 g/4 oz/1 kop almindeligt mel (all-purpose)

75 g/3 oz/1/3 kop granuleret sukker

en knivspids salt

2,5 ml/½ tsk bagepulver

100 g/4 oz/½ kop smør eller margarine

skal af 1 citron

1 sammenpisket æg

Bland malede ris, mel, sukker, salt og bagepulver. Ælt smørret, indtil blandingen minder om brødkrummer. Tilsæt citronskal og bland nok æg i til en fast dej. Ælt let, rul derefter ud på en meldrysset arbejdsflade og skær figurer ud med en kageudstikker. Placer på en smurt bageplade og bag i en forvarmet ovn ved 180°C/350°F/termostat 4 i 30 minutter. Lad den køle lidt af på bagepladen, og flyt den derefter over på en rist for at køle helt af.

# *Citronkager*

give 24

100 g/4 oz/½ kop smør eller margarine

100 g/4 oz/½ kop granuleret sukker

1 æg, let pisket

225 g/8 oz/2 kopper almindeligt mel (all-purpose)

5 ml/1 tsk bagepulver

Skal af ½ citron

5 ml/1 tsk citronsaft

30ml/2 spsk demerara sukker

Smelt smør eller margarine og konditorsukker ved svag varme under konstant omrøring, indtil blandingen begynder at tykne. Fjern fra varmen og tilsæt æg, mel, bagepulver, citronskal og saft og bland til en pasta. Dæk til og stil på køl i 30 minutter.

Lav kugler med dejen og læg dem på en smurt bageplade, tryk dem med en gaffel. Drys med demerara sukker. Bages i en forvarmet ovn ved 180°C/350°F/termostat 4 i 15 minutter.

# *gode tider*

Dag 16

100 g/4 oz/½ kop smør eller margarine, blødgjort

75 g/3 oz/1/3 kop granuleret sukker

1 sammenpisket æg

150 g/5 oz/1¼ kopper almindeligt mel (all-purpose)

10 ml / 2 tsk bagepulver

en knivspids salt

8 glaserede kirsebær (kandiserede), skåret i halve

Pisk smør eller margarine og sukker let og luftigt. Tilsæt gradvist ægget og tilsæt mel, bagepulver og salt. Ælt forsigtigt en blød dej. Lav 16 lige store kugler af dejen og læg dem med god afstand på en smurt bageplade. Flad lidt ud og læg et halvt kirsebær ovenpå hver enkelt. Bages i en forvarmet ovn ved 180°C/350°F/termostat 4 i 15 minutter. Lad afkøle på bagepladen i 5 minutter, og flyt derefter over på en rist for at køle helt af.

## *müsli cookies*

give 24

100 g/4 oz/½ kop smør eller margarine

100 g/4 oz/1/3 kop naturlig honning

75 g/3 oz/1/3 kop sødt brun farin

100 g/4 oz/1 kop fuldkornshvedemel

100 g/4 oz/1 kop havre

50 g/2 oz/1/3 kop rosiner

50 g/2 oz/1/3 kop rosiner (gyldne rosiner)

2 ounce/1/3 kop udstenede dadler (udstenede), hakket

2 ounce/1/3 kop spiseklare tørrede abrikoser, hakket

1 ounce/¼ kop valnødder, hakket

25 g/1 oz/¼ kop hakkede hasselnødder

Smelt smør eller margarine med honning og sukker. Tilsæt resten af ingredienserne og bland indtil du får en fast dej. Kom teskefulde på en smurt bageplade og tryk jævnt. Bag småkagerne (kiks) i ovnen forvarmet til 180°C/350°F/termostat 4 i 20 minutter, indtil de er gyldne.

www.ingramcontent.com/pod-product-compliance
Lightning Source LLC
Chambersburg PA
CBHW071905110526
44591CB00011B/1556